Gabriele Eckert

Erfolg 2.0

Der Faktor (Un)Bewusstsein und CQM

Verlag WeiterSein
Bönnigheim

Bibliografische Information der Deutschen Nationalbibliothek:
Die Deutsche Nationalbibliothek verzeichnet diese Puplikation in der Deutschen Nationalbibliografie; detaillierte bibliografische Daten sind im Internet über http://dnb.d-nb.de abrufbar.

Verlag WeiterSein
Robert-Bosch-Straße 5
74357 Bönnigheim
Deutschland

ISBN: 978-3-942534-03-1
1. Auflage 2014

Titelfoto: Birgit Thersko
Lektorat: Bärbel Philipp
Druck und Bindung: Kern GmbH
Printed in Germany

Meinen Eltern Anne und Ewald (✝) Eckert

Inhalt

Vorbemerkungen des Verlages:

Die in diesem Buch dargestellte Methode sowie alle Übungen, Anregungen und Literaturhinweise wurden nach bestem Wissen erstellt und mit größtmöglicher Sorgfalt überprüft.
Sie bieten jedoch keinen Ersatz für professionellen medizinischen oder psychologischen Rat.
Jede Leserin und jeder Leser ist für das eigene Tun und Lassen weiterhin selbst verantwortlich.
Weder die Autorin noch der Verlag und auch keiner der weiteren an der Bucherstellung Beteiligten oder im Buch vorkommenden Personen beabsichtigen, Diagnosen zu stellen oder Therapieempfehlungen zu geben.
Für eventuelle Nachteile oder Schäden, die aus den im Buch gegebenen praktischen oder theoretischen Hinweisen resultieren, wird keinerlei von Haftung übernommen.
Alle Namen in Fallbeispielen und persönlichen Berichten wurden redaktionell geändert.

Prolog

„Tun Sie einfach das, was ich Ihnen sage, und Sie werden erfolgreich sein“, sagte mein Chef vor fast fünfundzwanzig Jahren. „Auch wenn Sie anfangs nicht alles verstehen. Tun Sie trotzdem, was ich Ihnen sage.“

Mein analytischer Verstand wehrte sich gegen diese Vorgabe. Ich wollte verstehen, worauf ich mich da einließ. Dennoch schluckte ich meinen Widerspruch hinunter und schwieg.

„Alles, was ich Ihnen beibringen werde, haben andere erfolgreiche Menschen vor Ihnen getan. Diese haben bewiesen, dass es funktioniert“, fuhr mein Chef fort. Wieder unterdrückte ich mein: „ABER ...!“

Und tat akribisch das, was er mir gesagt hatte. Ich hatte mir gerade ein Haus gekauft – und die Aussicht, es zwanzig Jahre lang abzuzahlen, war eher abturnend. Also hatte ich mir diesen zweiten Job gesucht und wollte unbedingt auch da erfolgreich sein.

Meine Aufgabe bestand darin, mit Interessenten zusammen deren Finanzstatus zu analysieren und passende Finanzprodukte an den Mann oder die Frau zu bringen. Mein neuer Chef hatte mich gelehrt, mit welchen einleitenden Worten ich Kundentermine vereinbaren konnte. Er hatte mir beigebracht, wie ich die Stunden einer Woche so einteilen konnte, dass genügend Freizeit übrig blieb, um mich auch um Freundschaften und Hobbys zu kümmern. Er hatte mir gezeigt, wie ich meine Zeit so effektiv nutzen konnte, dass es mir spielend gelang, jede Woche zwölf bis vierzehn einstündige Kundentermine zu vereinbaren und diese auch wahrzunehmen.

Fünf Monate später war ich einem Nervenzusammenbruch nahe. Heulend saß ich im Büro meines Chefs zu unserer wöchentlichen Lagebesprechung. Ich schämte mich schrecklich. Fünf Monate hatte ich geackert und getan, was er mir beigebracht hatte. Fünf Monate hatte ich Hunderte von interessanten Gesprächen mit potenziellen Kunden geführt. Fünf Monate hatte ich nicht einen einzigen Vertrag abschließen können. Und fünf Monate hatte ich nicht einen Pfennig verdient. Glücklicherweise verdiente ich nicht schlecht in meinem Hauptberuf in einer Marketingagentur, sonst wäre ich am Ende gewesen. Denn ich hatte keine Ahnung, warum ich so erfolglos war. Die anderen drei Mitarbeiter, die mit mir angefangen hatten, betrieben nur halb so viel Aufwand wie ich und schlossen ihre Verträge ab.

Ich fühlte mich wieder wie fünfzehn, als ich meinen ersten großen Misserfolg erlebte. Bis dahin war ich vom Erfolg verwöhnt. Mit zwölf Jahren fing ich an, auf Turnieren zu reiten, und gewann alles, was man gewinnen konnte. Deshalb musste ich drei Jahre später in einer anderen Kategorie starten. Eigentlich war ich ganz gelassen und mein treuer Feger, so hieß mein Pferd, ebenfalls. Ich schreibe „eigentlich", denn als ich mit den anderen Teilnehmern den Parcours abschritt, änderte sich das schlagartig. Und zwar beim fünften Hindernis. An dieser Stelle durchzuckte mich von irgendwoher der Gedanke: ‚Oh, da rennt er mir sicherlich links vorbei.' Gedacht, und schon passierte es. Anstatt wie sonst die Hürden mühelos zu nehmen, lief Feger am fünften Hindernis links vorbei. Es war eine Katastrophe, eine Blamage und eine Demütigung – alles zugleich. Wir wurden disqualifiziert und flogen aus dem Turnier, denn mein sonst so zuverlässiger Hannoveraner weigerte sich dreimal, dieses eine vermaledeite Hindernis zu nehmen. Wie konnte das sein? Wir waren doch ein Dream-Team, die perfekte Einheit?! Als mein Vater mir Feger zum Geburtstag schenkte, verliebte ich mich sofort in den zotteligen Muskelprotz. Von zwölf Turnieren hatten wir elf gewonnen. Ich war am Boden zerstört. Bis dahin hatte ich ja keine Ahnung, wie sich eine Niederlage anfühlt. Da war aber noch etwas anderes: Schuldgefühle! Ich hatte etwas falsch gemacht, ich hatte etwas falsch gedacht, und Feger hatte nur darauf reagiert. In dem Moment war ich absolut überzeugt davon und redete auf der Rückfahrt mit meinem Vater darüber. Aber der war sowieso schon enttäuscht, weil wir vom Turnier ausgeschlossen waren, und guckte mich an, als ob ich nicht alle Tassen im Schrank hätte.

Jetzt, Jahrzehnte später und in einer ganz anderen Situation, hatte ich wieder dieses Gefühl. Es war nur eine Ahnung, aber sie sollte sich später bewahrheiten. Ich hatte etwas falsch gemacht. Es lag nicht an meinem Auftreten, meiner Argumentation oder an meinen Kontakten. Irgendetwas lief da in meinen Gedanken schief.

Und so war es auch. Mein Chef griff in seinem Büro hinter sich ins Regal und überreichte mir einen Stapel Papiere. Zu jedem Produkt, das ich den potenziellen Kunden anbieten sollte, war ein Verkaufsgespräch abgedruckt. Das Ganze war geschrieben wie ein Theatermanuskript. Der Text des Verkäufers und auch der des Käufers waren fest vorgegeben.

Wie konnte das sein; schließlich konnte doch niemand wissen, was der Kunde sagen würde?! Ich schaute ihn fragend an. „Lernen Sie das Skript auswendig. So verkaufen die Profis“, sagte mein Chef nur. „Wenn Sie beim Kunden sitzen, denken

Sie ausschließlich an das, was als Nächstes im Skript steht. Und sonst nichts. Und sonst gar nichts. Wir sehen uns übermorgen nach Ihrem Termin."

Zwei Tage später auf der Fahrt zum nächsten Kundentermin stoppte ich auf einem Autobahnparkplatz. Ich hatte zwar das gesamte Skript auswendig gelernt, aber ich ging es sicherheitshalber noch einmal Schritt für Schritt durch.

Bei meinem Interessenten angekommen, sagte ich nach der Begrüßung meinen ersten Satz aus dem Manuskript auf. Zu meinem Erstaunen erwiderte der Kunde exakt die Sätze, die in meinem Manuskript vorgegeben waren. Ich konzentrierte mich auf meinen nächsten Abschnitt und brachte diesen hervor. Daraufhin antwortete der Kunde wieder mit den Worten, die in meinem Skript standen. Es war fantastisch, irgendwie unwirklich und auch ein bisschen unheimlich, denn er hatte das Manuskript ja nie zu Gesicht bekommen.

Ich wusste immer genau, was ich als Nächstes sagen und was der Kunde erwidern würde.

Ich fühlte mich wie in einem Film. ‚Das kann doch nicht real sein, was hier gerade passiert', ging es mir kurz durch den Kopf. Zum Schluss hörte ich mich sagen: „Bitte unterschreiben Sie hier unten rechts. Drücken Sie bitte fest auf, denn wir haben hier vier Durchschläge." Und genau so, wie es im Skript stand, unterschrieb der Kunde.

Ich verabschiedete mich und fuhr ins Büro. Schwungvoll und euphorisch legte ich meinem Chef den unterschriebenen Vertrag auf den Tisch.

Ich heulte wieder. Diesmal allerdings, weil ich nicht verstand, was da passiert war. „Wieso unterschrieb der heute? Was ist anders in dem Skript? Warum unterschreiben die potenziellen Kunden nicht, wenn ich einfach so hingehe?"

„Ich habe Ihnen gesagt, tun Sie einfach, was andere erfolgreiche Menschen vor Ihnen getan haben, und Sie werden erfolgreich sein“, erwiderte mein Chef nur. „Solange Sie beim Kunden sind, denken Sie genau das, was Sie erreichen möchten, und die Welt liegt Ihnen zu Füßen.“
In den nächsten Wochen wiederholte sich die gleiche Szene nahezu jeden Abend: Die Kunden folgten auf wundersame Weise meinem Skript und unterzeichneten die Verträge.
Mein Chef weihte mich täglich mehr in die Macht der klaren Gedanken und in die Macht des Bewusstseins ein.
Sieben Wochen, nachdem ich zum ersten Mal mit diesen „Theatermanuskripten“ gearbeitet hatte, erhielt ich meine Provisionsabrechnung.

Tags darauf reichte ich bei meinem Chef meine Kündigung ein.

Warum?, werden Sie mich fragen.

Ich wollte das einfach nicht weiter verfolgen, auch wenn ich jetzt erfolgreich war. Denn mein Erfolg beruhte nicht auf der Qualität der Finanzprodukte, die ich anbot. Mein Erfolg beruhte darauf, was ich dachte. Und wie ich durch meine Gedanken meine Kunden beeinflusste und sie so zum Abschluss des Geschäfts führte.

Durch die Erläuterungen meines Chefs war ich dahintergekommen, was verhindert hatte, dass ich die ersten fünf Monate ohne einen einzigen unterschriebenen Vertrag nach Hause kam:

Es waren meine unbewussten und bewussten Gedanken und Emotionen, die meine Interessenten verwirrt hatten. Diese Gedanken und Emotionen wurden vom (Unter-)Bewusstsein meiner Interessenten aufgenommen, und diese reagierten unbewusst darauf. Ebenso reagierte das (Unter-)Bewusstsein auf meine veränderten Gedanken, die mir durch das Manuskript durch den Kopf gingen.

Und ab da unterschrieben meine Kunden die vorgelegten Verträge. Ich verdiente zwar gutes Geld, aber mein Gewissen regte sich. Ich konnte schließlich nicht wissen, in welche Situation sich meine Kunden durch den Abschluss langfristig hineinmanövrieren würden. Es konnte ja durchaus sein, dass sie durch die gekauften Fonds teilweise oder sogar all ihr Geld verlieren würden. Und das widersprach ganz klar meinem Wertesystem. Ich konnte das nicht verantworten, und ich wollte das nicht verantworten.
Aus diesem Grund kündigte ich. Zum Glück für meinen Seelenfrieden. Ein Jahr später kaufte ich selbst diese Fonds bei einer befreundeten Kollegin. Drei Jahre später waren sie praktisch nichts mehr wert, und mein Geld war futsch.

Trotzdem, meine Welt stand damals Kopf. Die Erlebnisse beim Finanzdienstleister waren so prägend, dass ich mich auf die Suche machte, um herauszufinden, was letztendlich unseren Erfolg im Leben bestimmt: wann wir erfolgreich sind und wann wir uns erfolgreich fühlen. Nicht nur im Verkauf, sondern in allen unseren Geschäften und beruflichen Aktivitäten, in unseren Beziehungen, bei unseren sportlichen Betätigungen, in der Schule und nicht zuletzt in unserem Sexleben. Unser Erfolg wird von Faktoren bestimmt, von denen wir we-

der in der Schule noch beim Studium gehört haben. Er hängt weder mit unserer Ausbildung, unserem Studium noch mit unserem Intelligenzquotienten zusammen.
Ich selbst bin damals dem Trugschluss aufgesessen, ich müsste mehr können und besser, schneller, informierter sein, um im Leben erfolgreich zu sein. Kommt Ihnen das bekannt vor? Heute würde ich sagen: Gott sei Dank bin ich diesem Trugschluss aufgesessen. Denn das war meine Motivation, herauszufinden, was Erfolg im Leben ausmacht und was Erfolg verhindert.

Dieses Buch hat keinen Anspruch, den Standards wissenschaftlicher Forschungen zu entsprechen. Es gibt Beobachtungen wieder, die ich bei meiner Tätigkeit mit den Veranstaltungen zu der Chinesischen Quantum Methode (CQM) gesammelt habe. Bei CQM geht es darum, all die Erfolg verhindernden Einflüsse, die sich „normalerweise" unserem „Alltagsbewusstsein" entziehen, aufzuspüren und in den Erfolg fördernde Einflüsse umzuwandeln.

Meine Empfehlung: Lesen Sie mit der Neugier eines kleinen Kindes. Und vielleicht staunen Sie zwischendurch genauso wie ich vor fünfundzwanzig Jahren.

Viel Spaß und viele neue Erkenntnisse dabei!

Gabriele Eckert
April 2014

1

Was ist Erfolg überhaupt?

2011 lud mich ein Trainerkollege zu einem Interview zum Thema „Erfolg“ ein. Die ersten beiden Fragen lauteten: „Was verstehen Sie unter Erfolg? Was war Ihr größter Erfolg?“
Meine erste Reaktion darauf – Stirnrunzeln. Ich wusste nicht, was ich darauf antworten sollte. Mehrere Tage habe ich diese Frage mit mir herumgetragen und dann beim Onlinelexikon Wikipedia nachgesehen.
Dort steht unter dem Stichwort „Erfolg“:

> *„... die allgemeine Folge, Konsequenz oder Effekt eines Handelns ... Der Begriff Erfolg bezeichnet das Erreichen selbstgesetzter Ziele. Bei den Zielen kann es sich um eher sachliche Ziele, wie zum Beispiel Einkommen, oder um emotionale Ziele, wie zum Beispiel Anerkennung, handeln. Zur Zielsetzung bedarf es einer Umsetzungskompetenz ...“*

Entsprechend dieser Definition müssen Sie sich also ein Ziel setzen und dann etwas tun, um dieses Ziel zu erreichen. Wenn Sie dieses Ziel erreicht haben, können Sie von Erfolg sprechen.

Der Online-Duden fasst sich mit der Definition von Erfolg kürzer:

Erfolg ist

- *das positive Ergebnis einer Bemühung und*
- *das Eintreten einer beabsichtigten Wirkung*

Erfolg bedeutet für jeden etwas anderes

Je nachdem, wo Sie nachschlagen oder wen Sie fragen, werden Sie viele verschiedene Erfolgsdefinitionen erhalten: Es sind nicht immer ein größeres Auto, mehr Geld oder die Beförderung, die Erfolg kennzeichnen, sondern es kommen ganz individuelle Faktoren zum Vorschein.

Für den Landwirt ist die gute Ernte ein Erfolg.

Für einen Unternehmer zählt es als Erfolg, wenn er die Mitarbeiter findet, die er zur Führung seines Unternehmens benötigt, um Umsätze zu erzielen und zu expandieren.

Der Verkäufer ist erfolgreich, wenn der Kunde den Vertrag unterzeichnet hat.

Für den Teenager bedeutet Erfolg, seinen Schwarm endlich angesprochen zu haben.

Für die besorgten Eltern bedeutet Erfolg, den Sohn vom Drogenkonsum abzubringen.

Für das Kleinkind ist Erfolg der Turm, der aus Bauklötzen entsteht und nicht sofort zusammenfällt.

Golfspieler sehen es als Erfolg, wenn sie ihr Handicap verbessern.

Für den Raucher besteht der Erfolg darin, sich keine mehr anzünden zu müssen.

Für jeden bedeutet somit Erfolg etwas anderes. Jedenfalls waren die Fragen meines Kollegen „Was verstehen Sie unter Erfolg? Was war Ihr größter Erfolg?“ der Auslöser dafür, dass ich sehr intensiv über mein Leben nachgedacht habe.

Wie bei vielen anderen erfüllte meine Vorstellung von Erfolg die Kriterien der Erfolgsversion 1.0. Man musste besser sein als andere, man musste hervorstechen aus der Masse: immer brillieren und gewinnen! In der Schule sowieso, und beim Sport – wie ich bereits erwähnte, bin ich viele Jahre Turniere geritten – musste ich immer unter die ersten drei kommen. Ein vierter Platz zählte schon als Niederlage, und zu Hause hieß es dann: „Außer Spesen nichts gewesen.“ Natürlich beeinflusste das auch meine Berufswahl. „Lern was Gescheites“, meinte mein Vater, und ich wurde Schriftsetzerin, damals ein gut bezahlter, solider und zukunftssicherer Beruf. Die Ironie bestand darin, dass Schriftsetzer wenig später in den 1980er-Jahren durch den Offsetdruck arbeitslos wurden oder umsatteln mussten.
Aber verstand ich diesen Wettbewerb, diese Siege als Erfolg? Fühlten sie sich wie Erfolgserlebnisse an? Nicht wirklich. Ich fing also an, über meine persönlichen Erfolge nachzudenken. Denken Sie doch auch einmal darüber nach, was Sie als Erfolg empfinden!

Ihre persönliche Erfolgsliste

Holen Sie sich Stift und Papier und notieren Sie alle Ereignisse, Begebenheiten, Tätigkeiten, Erfahrungen und Erkenntnisse, die Sie in Ihrem bisherigen Leben als Erfolg betrachten. Worauf waren Sie oder sind Sie immer noch stolz in Ihrem Leben? Gehen Sie am

besten chronologisch vor; fangen Sie mit Ihrer Kindergarten- und Schulzeit an und durchforsten Sie jeden Lebensabschnitt nach Ihren Erfolgen. Sie werden überrascht sein, was da bei Ihnen alles auftaucht. Das kann manchmal ein bisschen länger dauern. Und Sie werden sich wundern, wie Sie sich dabei fühlen werden. Es wäre also schade, wenn Sie einfach umblättern und weiterlesen.
Erstellen Sie unbedingt Ihre eigene Erfolgsliste!

ERFOLGSLISTE:

1. ....
2. ....
3. ....
4. ....
5. ....
6. ....
7. ....
8. ....
9. ....
10. ....
11. ....
12. ....
13. ....
14. ....
15. ....
16. ....
17. ....

Haben Sie Ihre Erfolgsliste erstellt? Wie lange haben Sie überlegen müssen, bis Sie Ihre Erfolge aufgezählt hatten?
Wenn Sie auf Ihre „Erfolgsblätter" sehen, wie fällt Ihre Bilanz aus?
Was betrachten Sie als Ihren Erfolg?

> Der Schulabschluss ohne Ehrenrunde oder eher mit Ehrenrunde?
> Das Haus, das Auto, das Boot?
> Die Position im Unternehmen, das eigene Unternehmen, gutes Einkommen?
> Der Ehepartner oder -partnerin, die Kinder, der große Freundeskreis?
> Die bestandene Prüfung, die Medaille beim Sport, ein Rekord?

Oder steht etwas ganz anderes auf Ihrem Blatt?
Vielleicht etwas, das für alle anderen völlig belanglos ist, aber für Sie ein großer Schritt war und Ihnen immer noch viel bedeutet?
Ina, eine Bekannte von mir, die früher sehr schüchtern war, ist heute noch stolz darauf, dass sie in der Kölner Fußgängerzone Tango tanzte, obwohl sie nur zwei oder drei Schritte konnte. Sie hatte damals nur eine Wette verloren, aber was glauben Sie passierte danach mit ihrer Schüchternheit? Sie war verschwunden. Ina ging zum Fernsehen und moderierte live vor der Kamera.

Als ich selbst über meine Erfolge nachdachte, saß ich lange vor dem leeren Papier. Ich konnte zuerst nichts Richtiges aufschreiben und wunderte mich: So erfolglos war ich doch gar nicht?!

Aber warum fiel mir dann nichts ein?
Ich dachte über all die Dinge nach, die ich in meinem Leben getan und erlebt hatte – sportlich und in meinen Beziehungen. Und beruflich hatte ich ja definitiv vieles aufzuweisen. Immer ganz vorne mit dabei, immer Spitzenklasse und immer zukunftsweisend. Ich leistete Pionierarbeit im Multimediabereich, erstellte interaktive Videos, als es noch kein Internet gab, und in meiner Zeit in Kalifornien brachte ich eine Software auf den Markt, die einfach genial und weltweit einzigartig war. Viele Dinge, die ich getan habe, haben andere als „unglaublich“, „unmöglich“ oder als „schräg“ bezeichnet.
Aber warum konnte ich diese Erfolge nicht als solche betrachten?
Nach Tagen wurde mir klar: Alles, was ich mir vorgenommen und dann in die Tat umgesetzt habe, war und ist für mich selbstverständlich.
Selbstverständlichkeiten als Erfolg zu bezeichnen erzeugt immensen Stress bei mir. Und das hängt mit meiner – bisherigen – Definition von Erfolg zusammen. Heute weiß ich:

Es ist Zeit für „Erfolg 2.0“.

Die alte Definition von Erfolg hat ausgedient. Das Setzen von Zielen und das darauf folgende Handeln, um diese zu erreichen, genügen nicht, um uns auch das Gefühl zu geben, wir seien erfolgreich.
Schauen wir uns die „herkömmliche“ Definition genauer an. Danach braucht es zum Erfolg drei Dinge: ein Ziel setzen, ein positives Ergebnis und Handlungskompetenz. Ist doch ganz klar!, meinen Sie. Aber leider ist das nicht so. Schon beim ersten Schritt kann es hapern, und deswegen sind Erfolgsrat-

geber nicht immer das Nonplusultra. Denn wer sich ein „falsches“ Ziel setzt, kommt natürlich auch nicht da an, wo er eigentlich hinwill.

Ich war neugierig und fragte jeden, der mir über den Weg lief, bei Seminaren, Erlebnisabenden und in privater Runde: „Was bedeutet Erfolg für dich persönlich?“ Die Antworten waren extrem unterschiedlich.

Herausforderung: Zielsetzung

Viele Menschen setzen alle Hebel in Bewegung, um ein gesetztes Ziel zu erreichen. Und wenn sie am Ziel sind, sind sie trotzdem unzufrieden oder unglücklich. Manchmal ist das vermeintliche Ziel nur eine Ausrede, um von etwas anderem im Leben abzulenken.
Und manche Menschen denken gar nicht darüber nach, welche Ziele sie selbst haben, sondern leben die Ziele anderer: die Ziele der Eltern, der Familie oder des Ehepartners. Und auch wenn sie viel leisten, empfinden sie das überhaupt nicht als Erfolg.

Erfolg ist, wenn ich selbst bestimmen kann, was ich tun will

Brigitta hatte viele Jahre in der Firma ihres Mannes gearbeitet. Sie war die gute Seele des Unternehmens, das ihr Mann von seinem Vater geerbt hatte. Sie war nicht wirklich gefragt worden, ob sie diese Position einnehmen wollte. Es wurde als selbstverständlich angesehen: von ihrem Mann und ihren beiden Familien. Die ersten fünfundzwanzig Jahre kam sie auch nicht auf die Idee, dass es anders sein könnte, bis ihr Asthma immer schlimmer wurde. Das war der entscheidende Moment, als sie sich vom Unternehmen ihres Mannes lossagte und ihr eigenes gründete. Jetzt bestimmt sie selbst, was sie macht und wie viel sie macht. Brigitta meint, das sei im Leben ihr größter Erfolg. Nebenbei bemerkt: Sie arbeitet nicht weniger als früher.

Eines Abends zu vorgerückter Stunde traf ich im Burgrestaurant auf eine bunt zusammengewürfelte Runde und stellte meine Frage: „Was bedeutet Erfolg für euch?“ Stille. Zehn Augenpaare guckten mich groß an, und einige davon wurden tatsächlich feucht. Erfolg ist offensichtlich ein emotionales Thema, und es dauerte etwas, bis der Erste anfing, zu reden.

Erfolg ist Sicherheit in meinem Tun

Roland ist Ingenieur und Vater von zwei volljährigen Söhnen. Seit fast zwanzig Jahren arbeitet er für dasselbe Unternehmen in verschiedenen Positionen. Vor Kurzem gab es Umstrukturierungen, und Roland wurde eine Führungsposition in einer Abteilung angeboten, in der er schon einmal gearbeitet hatte. Er lehnte das Angebot ab, auch auf die Gefahr hin, dass er in Kürze keinen Job in diesem Unternehmen mehr haben würde. „Erfolg ist für mich meine Sicherheit in meinem Tun. Ich habe mich selbst gefunden, ich spiele die Rolle des Ingenieurs, doch ich spiele für mich, nicht ausschließlich für andere.“ Hätte Roland die angebotene Position angenommen, wäre er unglücklich geworden, denn er wusste genau, was ihn dort erwartete. Und das wollte er nicht. „Erfolg ist für mich meine innere Sicherheit, selbstbestimmt zu sein und nicht von anderen gespielt zu werden. Daraus entspringt meine Selbstzufriedenheit, die Bestätigung meiner Selbst, die ich heute als meinen größten Erfolg betrachte.“

Beatrice meldete sich als Nächste und bestätigte Rolands Erfahrungen.

Erfolg ist Fühlen

„Erfolg ist für mich, dass ich fühle, was ich will, und das auch ausdrücken kann." Beatrice ist Chefin eines Medienunternehmens. Sie hat dieses Unternehmen in zwanzig Jahren aufgebaut und bedient heute einen internationalen Kundenstamm. Mit ihrem Mann bewohnt sie eine exquisite Penthousewohnung. „Ich kann heute fühlen, was ich will, was meiner Wahrheit entspricht. Früher habe ich nur funktioniert und darauf geachtet, was jetzt als Nächstes getan werden muss, damit das Geschäft vorangeht." Und stellte oft ihre eigenen Bedürfnisse hintan. „Heute achte ich darauf, was ich im Alltag fühle, und ich habe gelernt, mein Gefühl anderen mitzuteilen, sowohl meinen Mitarbeitern als auch meinen Kunden gegenüber. Früher bildete ich mit meinem Mann eine Wirtschaftsgemeinschaft, heute haben wir eine Herzensverbindung. Meine Gefühle wahrnehmen, würdigen und sie zu vermitteln, das ist für mich der größte Erfolg."

Erfolg ist, das eigene Leben zu leben

Ricarda ist Mitte fünfzig, Mutter von drei Kindern und Vertriebsleiterin. Die ersten achtzehn Jahre ihrer Ehe war sie Mutter, Ehefrau, Haushaltsvorstand. Als sie vierzig war, stellte sie fest, dass sie nur tat, was andere von ihr erwarteten. Sie hatte sich nie gefragt, ob das, was sie tat, auch das war, woran ihr Herz hing, sondern sie hatte die „Lehren" ihrer Eltern ohne Widerspruch befolgt: Nämlich, wie man sich als Ehefrau und Mutter verhält, was man tut oder lässt, wie man zu sein hat, um von den anderen akzeptiert zu werden. An ihrem vierzigsten Geburtstag begann sie darüber nachzudenken, was sie im Leben wollte. Das führte dazu, dass sie ihr Studium innerhalb von zwei Jahren abschloss – wegen der Kinder hatte sie es abgebrochen. „Während dieser Zeit hat meine gesamte Familie rebelliert. Im Alter von vierzig Jahren habe ich mich endlich getraut, meinem Vater meine Meinung, meine Wünsche und meine Vorstellungen vom Leben zu sagen. Und das, ohne in Tränen auszubrechen und mich wieder seinen Vorstellungen zu beugen." Das eigene Leben zu leben bedeutet für Ricarda den größten Erfolg.

Otto merkte, dass sich seine Ziele geändert hatten.

Erfolg ist, bewusst glücklich sein

Otto war weltweit in vielen Management- und Führungspositionen unterwegs. Seine letzte Tätigkeit hätte ihn nochmals ins Ausland geführt, doch er hatte ein Jahr zuvor eine neue Partnerin kennengelernt und wollte Petra nicht in Deutschland zurücklassen. „Erfolg ist, wenn ich etwas tue und dabei Lust und Spaß habe. Mein Erfolg ist, dass ich all die Jahre meinen Führungsprinzipien und mir selbst treu geblieben bin. Ich habe immer darauf Wert gelegt, dass meine Mitarbeiter sich wohl und glücklich fühlen. Dieses Bewusstsein betrachte ich als Erfolg." Vor drei Jahren schlug er allerdings eine andere Richtung ein. Otto ging nicht ins Ausland, sondern in Altersvorruhestand und genießt jetzt jeden Tag mit Petra. „Da ich immer neugierig bin, ist das Leben so spannend. Dass ich mir morgens im Spiegel zuzwinkern und sagen kann, heute ist ein toller Tag, das ist Erfolg."

Und nun rückte auch Cordula so langsam mit der Geschichte ihrer „falschen“ Zielsetzung heraus.

Erfolg ist, Veränderungen anzunehmen

Cordula und Marco haben vier Kinder und sind eine Vorzeigefamilie – von außen betrachtet. Er betreibt eine Augenarztpraxis, sie managt den Praxisbetrieb. „Ich meinte immer, mein Mann müsse sich ändern: Er sei zu lahm, zu desinteressiert, zu introvertiert, wozu auch immer. Und so behandelte ich ihn, und so fühlte ich mich.“ Es gab kaum einen Moment, in dem sie mit sich und ihm zufrieden war, obwohl Marco alles tat, um seine Frau und seine Kinder glücklich zu machen. Doch Cordula konnte es nicht wahrnehmen. Dann gelang es ihr, aus ihrer engstirnigen Sichtweise auszusteigen, ihre Emotionen und Projektionen beiseitezulassen. Sie stellte fest, dass die Welt außerhalb ihrer engstirnigen Sichtweise anders funktionierte, als sie dachte. „Die Welt anders zu sehen, als ich sie mir zurechtgelegt hatte, war anfangs nicht einfach. Doch ich betrachte es als großen Erfolg, meine veränderte Sichtweise anzuerkennen und ein gutes Gefühl dabei zu haben. Es wundert mich, dass mein Mann es so lange mit mir ausgehalten hat. Jetzt leben wir miteinander und nicht mehr gegeneinander.“

Die Beispiele zeigen, dass sich Zielsetzungen ändern können. Auch Ziele, die einfach so von anderen übernommen oder angenommen werden, sind nicht unbedingt Erfolg versprechend.

Erfolgserlebnis: Positives Ergebnis

Die Definition im Duden „positives Ergebnis einer Bemühung" scheint für viele Menschen einem Erfolgserlebnis nahezukommen. Doch ein positives Ergebnis kann vieles bedeuten. Manche Menschen fühlen sich in Krisenzeiten überfordert, weil sie nicht wissen, wie stark sie sein können. Der Zufall, also das, was uns im Leben zufällt, bestimmt das Ziel und den Erfolg. Bei Ina war es nur eine Wette, bei Petra ein Schicksalsschlag.

Erfolg ist, sich aufzumachen

„Erfolg ist, wenn ich etwas tue, das ich mir selbst gar nicht zugetraut hätte. Als mein erster Mann starb, wusste ich nicht, wozu ich fähig bin. Ich habe die Kinder alleine großgezogen, bin arbeiten gegangen, damit sie studieren konnten. Ich habe mich um Haus und Garten gekümmert, obwohl ich in der Stadt in der Mietwohnung meiner Großmutter aufgewachsen bin und von Gemüse keine Ahnung hatte. Ich hatte plötzlich die Verantwortung über die Familienfinanzen und habe meine Steuererklärung selbst gemacht. Freiwillig hätte ich mich nie daran gewagt, drei Kinder alleine großzuziehen. Ich bin irrsinnig stolz darauf, dass ich das alles mit innerer Zufriedenheit getan habe und auch meine Kinder sich dabei gut gefühlt haben."

Gerlinde stimmt dem voll und ganz zu und ergänzt:

Erfolg ist, in Klarheit zu sein

Gerlinde ist Coach und Psychotherapeutin mit eigener Praxis. Für sie bedeutet Erfolg, in absoluter Klarheit den Sachverhalt eines

Klienten zu erkennen, ohne selbst vom Problem beeinflusst zu werden. „Wenn ich bei meiner Arbeit ganz bei mir bleiben kann, mich unabhängig von den Wirren meines Klienten fühle, dann ist das ein Erfolg für mich!" Sie genießt diesen Erfolg, wenn ihre Klarheit den Klienten zu seiner eigenen Klarheit führt und dieser dadurch seine eigene Problemlösung erkennt.

Sabine sinnierte eine Weile und war ehrlich erstaunt über das, was sie als Erfolg betrachtete.

Erfolg ist, unabhängig zu sein

Sabine ist Redakteurin und Mutter einer gerade volljährig gewordenen Tochter. Vor einigen Monaten ist ihre Tochter zu ihrem Vater gezogen, da er näher an ihrer Schule wohnt. Daraufhin bezog Sabine eine kleine Zweizimmerwohnung, in der es kein „Ferienzimmer" für ihre Tochter gibt. „Ich genieße es, mich nach niemandem mehr richten zu müssen; frei zu sein. Und ich habe kein schlechtes Gewissen dabei." Das ist für sie Erfolg, denn Freunde und Bekannte reagieren darauf oft mit Erstaunen oder sogar Unverständnis. „Die Unabhängigkeit von der Meinung der anderen ist ein richtiges Glücksgefühl. Ich erlaube mir, jetzt nur das zu tun, was ich für mich selbst für richtig halte."

Martin schwieg die ganze Zeit und beugte sich nun vor:

Erfolg ist, nicht mehr berechenbar zu sein

„Ich würde sagen, mein größter Erfolg ist es, für andere nicht mehr berechenbar zu sein. Auszusteigen aus den alten Gewohnheiten, was man wie zu tun hat, nicht mehr jeden Trend mitzumachen, um da-

zuzugehören; das bezeichne ich als Erfolg." Im Sommer wanderte er nur mit einem kleinen Rucksack quer durch Deutschland. Seine Familie meinte, das würde er nie schaffen, da er sonst immer das Auto nimmt, um Brötchen zu kaufen. *„Seit ich angefangen habe, meine Gewohnheiten zu hinterfragen und viele davon umzudrehen, bin ich für andere nicht mehr berechenbar. Das macht mein Leben sehr viel lebendiger und bewusster, ich fühle mich dadurch erfolgreicher."*

Dann traute sich auch Ute:

Erfolg ist, sich selbst anzuerkennen

„Für mich war es immer wichtig, dass das, was ich mache, auch von anderen honoriert wurde. Nur wenn ich von meinen Chefs die nötige Anerkennung bekommen habe, habe ich mich gut gefühlt." Irgendwann erkannte Ute, dass sie immer darauf fixiert war, es ihrer Familie recht zu machen und deren Zustimmung zu haben. *„Heute sehe ich es als größten Erfolg für mein Leben, dass ich mich selbst anerkenne. Dass ich selbstreflektiert meinem Spiegelbild sagen kann, ich an-er-kenne mich."*

Ich schaute in die Runde.
„Ihr habt gerade alle gesagt, was Erfolg für euch persönlich bedeutet. Ist euch etwas aufgefallen?" Großes Schweigen. „Kein einziges Mal habe ich materielle Erfolge gehört. Das Haus, das Auto, das Boot. Das sind Attribute, die oft als Zeichen von Erfolg genannt werden. Und keiner hat von Siegen, Beförderungen und Leistungen gesprochen."

Alle schauten mich an. Einige grinsten. Meine Gesprächspartner waren sich alle einig: „Das war früher relevant."

Zu Beginn ihrer Berufstätigkeit waren Karriereschritte, Einkommen, Positionen, Häuser, die tolle Uhr und sonstige Statussymbole wichtig, um als erfolgreich zu gelten – um sich erfolgreich zu fühlen. Heute haben sie erkannt, dass es um andere, um wichtigere Dinge geht. Heute geht es um Erfolg 2.0, um das, was den wirklichen Erfolg im Leben ausmacht.
Um die Dinge, die man tut – und die Dinge, die man versäumt, zu tun.

Was bereuen Sie am meisten, nicht getan zu haben?

Bronnie Ware, eine australische Krankenschwester, betreut seit vielen Jahren Menschen kurz vor ihrem Tod. Sie befragte Hunderte Menschen kurz bevor sie starben, was sie am meisten bedauerten. Sie hat darüber ein Buch geschrieben: „The Top Five Regrets of Dying", was auf Deutsch in etwa heißt: „Die fünf Dinge, die Sterbende am meisten bereuen".
Danach sind meistbereuten Dinge:

1. Ich wünschte, ich hätte den Mut gehabt, mir selbst treu zu bleiben, statt so zu leben, wie andere es von mir erwarteten.
2. Ich wünschte, ich hätte nicht so viel gearbeitet.
3. Ich wünschte, ich hätte den Mut gehabt, meinen Gefühlen Ausdruck zu verleihen.
4. Ich wünschte, ich hätte den Kontakt zu meinen Freunden gehalten.
5. Ich wünschte, ich hätte mir mehr Freude erlaubt.

Es scheint, meine Gesprächspartner der Abendrunde sind auf dem besten Weg, diese Welt ohne solche Bedauernisse zu verlassen.
Und offensichtlich haben sie auch die nötige Umsetzungskompetenz – was immer das auch bedeuten mag – für ihre Erfolge gehabt.

Herausforderung: Umsetzungskompetenz

Die Wikipedia-Definition

> *„... die allgemeine Folge, Konsequenz oder Effekt eines Handelns ... Der Begriff Erfolg bezeichnet das Erreichen selbstgesetzter Ziele. Bei den Zielen kann es sich um eher sachliche Ziele, wie zum Beispiel Einkommen oder um emotionale Ziele wie zum Beispiel Anerkennung handeln. Zur Zielsetzung bedarf es einer Umsetzungskompetenz ...“*

gibt nicht viel preis, was alles zur Umsetzungskompetenz gehört. Die meisten Menschen denken so, wie ich früher dachte: sich mehr anstrengen, mehr trainieren, mehr lernen, mehr arbeiten, mehr wissen, schlauer sein, sich durchsetzen und, und, und.

Aber stimmt das wirklich? Oder gehört das zu Erfolg 1.0?

In der Schule gibt es kein Unterrichtsfach, das aufzeigt, was wir tun müssen, um Erfolg im Leben zu haben. Oder was wir tun müssen, um uns erfolgreich zu fühlen.
Lesen Sie im nächsten Kapitel über Erfolgsgeheimnisse, die bei den meisten Menschen leider noch nicht angekommen sind.

2

Erfolgsgeheimnisse oder doch nicht so geheim?

Fast täglich landen bei mir E-Mails mit Erfolgstipps, mit Einladungen zu Erfolgsseminaren, die mir das Blaue vom Himmel herunter versprechen. Als Medienberaterin und später als Vice President Marketing and Sales bei einer Softwarefirma in Kalifornien (ich habe darüber in meinem ersten Buch „Wenn Fische fliegen ...“ geschrieben) habe ich unzählige Vorträge und Workshops besucht, um die Strategien und Geheimnisse von erfolgreichen Menschen kennenzulernen.
Sie wüssten das auch ganz gerne? Mal sehen, ob wir etwas aus den Erfolgsrezepten anderer für unser eigenes Leben übernehmen können ...
In der Zeitschrift FOCUS 26/2013 verrieten Prominente aus Wirtschaft, Kultur und Sport ihre Erfolgsgeheimnisse.

Martin Winterkorn, Vorstandsvorsitzender der Volkswagen AG:
„Für den Erfolg müssen nach meiner Erfahrung zwei Eigenschaften zusammenkommen: Kompetenz und Hingabe. Erfolg hat man dann, wenn man sich leidenschaftlich mit seiner Aufgabe identifiziert und mit ganzer Hingabe bei der Arbeit ist. Wer so tickt, geht immer wieder an die Grenzen und kann Großes erreichen.“

Nico Hofmann, Filmproduzent (zum Beispiel „Mogadischu“):
„Ich habe in meinem Berufsleben immer wieder gelernt, dass die Teamarbeit das Ein und Alles ist.“

Franz Beckenbauer, Fußballikone:
„Ein starker Antrieb, der unbedingte Wille, Professionalität – das sind wichtige Voraussetzungen. Um Erfolg zu haben, braucht man aber auch Glück. Aber das kommt auch nicht von alleine, Glück muss man sich erarbeiten."

Maria Höfl-Riesch, Ski-Olympiasiegerin:
„Man braucht unbedingt Ehrgeiz, Disziplin und einen starken Willen. Ganz wichtig – vielleicht sogar das Wichtigste – ist die Begeisterung. Ohne die schafft man es kaum so weit. Wenn ich vom Skifahren nicht immer so begeistert gewesen wäre, dass ich gar nicht oft genug am Berg sein konnte – ich glaube nicht, dass ich heute da stehen würde, wo ich stehe und dass ich so viel erreicht hätte."

Alain Caparros, Chef der REWE-Group:
„Niemand hat es jemals besser auf den Punkt gebracht als Apple-Gründer Steve Jobs: ‚Stay hungry, stay foolish!' Nur wenn man wirklich hungrig auf Erfolg ist, kann man die Hürden nehmen und die Rückschläge einstecken, die unvermeidlich vor einem liegen. Und ebenso braucht man das notwendige Quäntchen Verrücktheit. Zwei Dinge sind für Erfolg entscheidend: erstens der eigene Mut und zweitens das Zutrauen zu sich selbst, der Glaube an die eigene Leistungsfähigkeit."

Heidi Klum:
„Ich glaube, das ultimative Erfolgsrezept ist eine positive Ausstrahlung plus ein gutes Team plus niemals aufgeben."

Karl Lagerfeld:
„Wahrscheinlich bin ich durch Arbeit und mitleidlose, eiserne Entschlossenheit geworden, was ich heute bin. Man muss aber immer

das Gefühl behalten, man könnte noch viel mehr erreichen, könnte sich noch verbessern. Das Erreichte darf niemals als endgültiges Ergebnis angesehen werden. Ich habe mich auf das konzentriert, was ich erreichen wollte. Man muss außerdem genau wissen, was man will. Man muss dem gesetzten Ziel kompromisslos entgegengehen. Hat man gewisse Ziele erreicht, muss man für sich neue Ziele finden."

Einiges haben die Aussagen gemeinsam: so etwa die Begeisterung, die Hingabe an das, was man tut, der unbedingte Wille dazu und die Klarheit, mit der man sein Ziel verfolgt.
Darüber hinaus hat jede Persönlichkeit ihren eigenen Trick, ihr eigenes Geheimnis und ihre eigenen Motive, die sie zum Erfolg antreiben.
Doch wie sieht es bei „normalen" Menschen aus, die nicht im Fernsehen auftreten oder im FOCUS für Schlagzeilen sorgen? „Was betrachtet ihr als EUER Erfolgsgeheimnis?", wollte ich von der fröhlichen Runde im Burgrestaurant wissen.
Diesmal kamen die einzelnen Antworten schnell. Die Anwesenden fingen an, durcheinander zu reden, sodass ich sie bremsen musste, um alles mitzuschreiben zu können. Doch lesen Sie selbst:

Mut, über den eigenen Schatten zu springen

Als Sabines Tochter zu ihrem Vater zog und sie eine kleinere und günstigere Wohnung ohne Kinderzimmer mietete, musste sie sich ganz auf sich selbst besinnen. „Fast wäre ich dem Klischee aufgesessen, dass man als Mutter ja traurig sein muss, wenn die Tochter auszieht. Und man gilt als Rabenmutter, wenn man der Tochter den Wiedereinzug verwehrt. Durch die Kommentare, Bemerkun-

gen und guten Ratschläge meiner Bekannten und Freunde in dieser Richtung bin ich kurz in eine depressive Stimmung verfallen." Glücklicherweise merkte Sabine schnell, dass das weder gut für sie noch für ihre Tochter war. „Ich bin über meinen eigenen Schatten gesprungen und habe mich nicht von den wohlgemeinten und bedauernden Meinungen der anderen beeinflussen lassen. Jetzt genieße ich meine Unabhängigkeit von der Tochter und der Meinung der anderen."

Eigene Eitelkeit überwinden

„Natürlich war ich versucht gewesen, das Angebot zur nächsten Managementebene anzunehmen. Es ‚wäre' in der Karriereleiter der logische Schritt gewesen, eine Stufe nach oben zu kommen", gestand Roland. Seine innere Stimme sagte jedoch etwas anderes. Von seinen Kollegen wurde es als scheinbare Niederlage und Rückschritt empfunden, dass er das Angebot ausschlug. Unverständnis, Skepsis, Bedauern waren ihm entgegengeschlagen. In jeder Kaffeepause hatten die Kollegen einen Spruch drauf – direkt oder indirekt. Seine Familie hatte auch nicht sehr viel Verständnis, denn die neue Position hätte ein höheres Einkommen bedeutet. „Das nagte schon an mir, und es kostete wirklich Überwindung. Aber ich habe gelernt, ganz bei mir zu bleiben, und dadurch ist es mir gelungen, meine eigene Eitelkeit zu besiegen. Ich bin mir selbst treu geblieben." Und dadurch hat Roland mehr Sicherheit in allem, was er tut, gewonnen. Nicht nur bei der Arbeit.

Gefühle anderer anerkennen

„Ich machte immer die anderen für meine Unsicherheit verantwortlich", sagte Cordula. „Wann immer eine Situation auftauchte,

die meine klare Meinung, meine Entscheidung, mein tatkräftiges Zupacken erforderte, schaute ich orientierungslos drein, fühlte mich klein und unfähig." Dass die anderen (Mann, Kinder, Angestellte, Eltern) auch mal Angst vor einer Situation haben könnten, dass die anderen nicht immer die Größeren und Stärkeren sind, kam ihr gar nicht in den Sinn. „Irgendwann erkannte ich, dass nicht nur ich, sondern auch andere Menschen verletzlich sind. Ich war echt erschüttert! Das bedeutete ja, dass die Welt außerhalb ‚meines Gefühlskorsetts' ganz anders funktioniert, als ich es mir zurechtgelegt hatte." Und das führte bei Cordula zu einer totalen Veränderung in ihrem Wesen, ihrer Erscheinung, ihrem Handeln. „Und das ist das ganze Geheimnis."

Mut, ins Ungewisse zu gehen

Ricarda musste sich erst einmal die Frage stellen: Wie geht ein Leben ohne Vorgaben, ohne ein widerspruchsloses – manchmal auch widerspruchsvolles – Befolgen von Erwartungen der anderen? In die eigene leere Wohnung zu kommen, war für sie wie ins Niemandsland zu reisen. Niemand da, der es besser wusste. Niemand da, der Vorgaben machte. Niemand da, der etwas wollte. Niemand da, dem sie dienen konnte. „Ich hatte mir nie überlegt, was ich vom Leben will. Und jetzt musste ich klare Entscheidungen treffen, ohne zu wissen, was kommt. Es waren Entscheidungen für mein eigenes selbstbestimmtes Leben. Ich war vierzig Jahre alt und hatte keine Idee, was es heißt, das Leben mit sich und für sich zu leben." Bislang hatte Ricarda immer das getan, was von ihr erwartet wurde. Der Mut zur Selbstverantwortung war der wichtigste Schritt in ihrem Leben.

Keine Annahmen darüber treffen, was man glaubt, dass es andere erwarten

Ute hatte immer Dinge getan, von denen sie glaubte, dass sie den anderen gefallen und sie dafür gelobt würde. Sie traf Annahmen, was die anderen honorieren könnten. „Oft hat mich das in Schwierigkeiten gebracht. Dabei habe ich es nur gut machen wollen, um dafür die Anerkennung zu bekommen. Meist habe ich mich dann für mein Handeln gerechtfertigt, doch das hat mir auch keine Anerkennung gebracht.“ Mittlerweile fragt sie genau nach, was ihr Chef, ihr Partner, ihre Kinder und ihre Freunde von ihr erwarten. „Seitdem ist mein Leben ein einziger Erfolg. Jetzt kann ich mich am Abend selbst anerkennen, mir selbst Beifall klatschen, denn mein Leben verläuft heute weitgehend stressfrei.“

MICH selbst erlauben – mir erlauben, ICH zu sein

„Früher habe ich immer andere für meinen Erfolg verantwortlich gemacht. Oder für meine mangelnden Erfolge.“ Martins Stimme zitterte, und er räusperte sich. „Es waren die Umstände, die nicht passenden Gelegenheiten, von denen ich glaubte, abhängig zu sein. Ich glaubte, es müsse halt so sein, wie es ist. Ein bisschen fühlte ich mich als Opfer meines Lebens, meiner Familie, meines Berufes. Ja, ich fühlte mich sogar als Opfer meiner selbst.“ Mit selbstbewusster Stimme fuhr er fort. „Als ich angefangen habe, ‚mich selbst zu erlauben‘, tat sich für mich eine neue Welt auf. Ein Gefühl von ‚ich bin‘ stellte sich ein. Es öffnete sich für mich eine andere Bewusstseinsebene. Nicht immer war es ganz leicht für meine Familie und Kollegen, mit mir umzugehen, kannten sie doch alle meine roten Knöpfe. Und diese funktionierten auf einmal nicht mehr. Seit ich ‚mich erlaube‘, bin ich nicht mehr für die anderen so berechenbar. Das betrachte ich als Erfolg.“

Selbst BEWUSST SEIN

Otto nickte. „Das ‚ganz bei mir sein', im Körper sein, alle Sinne offen zu haben für die Ereignisse des Tages und der Nacht, meiner Person SELBST BEWUSST SEIN, das ist mein Erfolgsgeheimnis. Dazu gehört auch, langsamer zu sein als früher. Behutsamer und aufmerksamer auf seine Gefühle und Gedanken achten. So tue ich nicht mehr UNbewusst Dinge, die meinen inneren Überzeugungen entgegenlaufen." Er fragt sich über den Tag immer wieder: „Bin ich das selbst, der das tut? Sind es meine Gefühle, die sich da regen, oder spüre ich die Gefühle von jemand anderem? Wenn mir bewusst wird, dass ich etwas tue, denke oder fühle, das nicht meins ist, kehre ich immer wieder zu meinem Bewusstsein zurück und nehme eine Kurskorrektur vor. Das ist meine Garantie zum Glücklichsein."

Nicht an Gewohntem festhalten

„Raus aus der Komfortzone – die eigenen Ängste überwinden", meinte Petra, die durch den Tod ihres Mannes aus der Bahn geworfen wurde. „Mein Mann und ich hatten uns die Aufgaben des Alltags aufgeteilt. Er tat, was er tat, und ich tat, was ich tat. Es hat alles wunderbar funktioniert. Bis ich alleine dastand mit drei Kindern." An Gewohntem festzuhalten, war für Petra keine Option: Sie und ihre Familie wären nicht über die Runden gekommen. Natürlich hätte sie sich auch der Verzweiflung hingeben und mit Gott und der Welt hadern können. „Aber ich hatte die innere Gewissheit, dass ich es schaffe, und habe mein altes, geordnetes Leben losgelassen. Ich habe mich aufgemacht, um das zu tun, was zu tun ist." Das hat ihr ein neues Leben ermöglicht.

Obwohl diese „Umfrage“ schon zu fortgeschrittener Stunde stattfand, waren alle meine Gesprächspartner hellwach. Und ich hatte das Gefühl, dass die Stühle um uns herum deutlich näher an unseren Tisch gerutscht waren und die anderen Gäste die Ohren spitzten. Roland war regelrecht begeistert.

„Es ist unglaublich, was die Frage ‚Was bedeutet Erfolg für dich?‘ alles auslösen kann. Ich habe heute mehr über alle hier gehört und gelernt als die vergangenen Jahre zusammengerechnet.“

Für mich war das natürlich die perfekte Aufforderung, meine Recherchen zu vervollständigen.

„Wie und wodurch habt ihr euer Erfolgsgeheimnis entdeckt?“, fragte ich in die Runde.

Roland lachte. Er war der Einzige der hier Sitzenden, den ich vorher schon getroffen hatte: nämlich in meinen Seminaren zur Chinesischen Quantum Methode. Roland grinste mich regelrecht an.

„Das solltest du doch am besten wissen. Durch das AUFRÄUMEN in meinem energetischen Informationsfeld. Das Aufräumen in meinem Energiefeld hat dazu geführt, dass ich Klarheit bekommen habe, wie mein Leben in der Vergangenheit funktioniert hat“, meinte Roland. „Jetzt ist mir klar, wozu ich selbst in der Lage bin und was ich im Leben will. Heute bin ich mir meiner selbst BEWUSST, nicht mehr einfach so UNbewusst.“

Die anderen nickten, schauten aber auch neugierig zu mir oder zu Roland. Er hatte ihnen zwar schon etwas über seine Erfahrungen mit der Chinesischen Quantum Methode erzählt, aber energetisches Energiefeld und wie, bitte schön, räumt man darin auf? Das war interessant, und die Runde bestürmte mich, Näheres zu erzählen.

Aufräumen im energetischen Informationsfeld

Liebe Leserin, lieber Leser, wenn Sie sich noch nie mit Ihrem energetischen Informationsfeld beschäftigt haben, dann könnte es sein, dass auch Sie beim Weiterlesen Ihre Komfortzone verlassen werden oder verlassen müssen.

Meine Empfehlung: Lassen Sie Ihr gewohntes Weltbild für kurze Zeit los. Stellen Sie fest, wie viele unserer – scheinbar – ganz persönlichen Ansichten, Meinungen, Überzeugungen und Werte gar nicht von uns selbst stammen. Wie viel wir von unserer Familie, der Umwelt, von Schule, Studium und Beruf oder von Freunden übernommen haben, völlig unbewusst, wohlgemerkt. Tauchen Sie ein in die Dimension, die Ihr Leben auf der unbewussten Ebene bestimmt. Und zwar jeden Aspekt Ihres Lebens: Ihr Geschäft, Ihre Beziehung, Ihre Familie, Ihre Freundschaften, Ihren Sex, die Höhe Ihres Bankkontos und Ihr Ranking beim Golf oder Tennis. Finden Sie die Stolpersteine auf Ihrem Weg zum Erfolg und neutralisieren Sie sie.

Halten Sie einen Augenblick inne und denken Sie darüber nach, was Sie in der Vergangenheit ausgebremst haben könnte. Was würden Sie als Ihre größten Bremsklötze bezeichnen? Holen Sie nochmals Papier und Bleistift und machen sich Notizen. Es lohnt sich!

3

Ziele, Werte, Fähigkeiten

Reflektieren wir doch erneut das, was unsere fröhliche Gesprächsrunde über Erfolg sagte. Erfolg hat offensichtlich nur wenig mit den Klischees zu tun, die uns in der Werbung, in Filmen und auch in vielen Motivationsveranstaltungen vermittelt werden. Diese Klischees beruhen meist auf dem, was wir bei anderen als scheinbares Ergebnis von Erfolg wahrnehmen. Es hat aber sehr wenig mit dem zu tun, was wir selbst als Erfolg ansehen.

Es gibt keine generelle Definition für Erfolg

Nehmen wir einmal Roland, der es als Erfolg ansieht, dass er eine Beförderung nicht annahm. Seine Kollegen machten sich lustig über ihn, und seine Familie reagierte mit Unverständnis, aber Roland sah Erfolg anders als seine Umgebung und handelte danach.
Ich gehe in einem der folgenden Kapitel ausführlich darauf ein, wie unterschiedlich die Kriterien für Erfolg festgelegt werden: je nachdem, ob es um den eigenen Erfolg oder den von anderen geht.
Außerdem handelt es sich bei diesen „Vorzeige"-Erfolgen meist um so herausragende Beispiele, dass sie nur von Einzelnen erreicht werden können.
Für neunundneunzig Prozent der Menschen spielt sich Erfolg nicht in den Extremen ab, die häufig als Beispiele angeführt werden. Die meisten betrachten sich als erfolgreich, wenn ihr Leben ohne größeren Stress verläuft und sie eine glückliche

Beziehung und Familie haben. Sie finden, dass das in heutigen Zeiten auch schon eine Herausforderung ist? Ganz recht: Haushalt, Job, Karriere, Kinder, Partnerschaft – alles soll erfolgreich und harmonisch verlaufen. Also könnte die neue Definition für Erfolg so heißen?

Die meisten Menschen fühlen sich erfolgreich, wenn sie ein glückliches, erfülltes und selbstbestimmtes Leben führen können.

Das kommt der Sache schon näher. Aber was heißt das für den Einzelnen? Sowohl Glück und Erfüllung als auch Selbstbestimmtheit bedeuten für jeden etwas anderes. Zwar ähneln sich die grundsätzlichen Bedürfnisse der Menschen, doch die damit verbundenen Gefühle wie Glück und Erfüllung können sehr unterschiedlich sein. Die hängen nämlich von unseren Fähigkeiten, Lebensumständen und Werten ab. Die oben genannte Definition von Erfolg muss also ergänzt werden, denn sie bringt uns nicht weiter, wenn wir einen weniger erfolgreichen Zustand in ein erfolgreicheres Leben verwandeln wollen.

Die meisten Menschen fühlen sich erfolgreich, wenn sie aufgrund ihrer Fähigkeiten ihre Bedürfnisse oder Ziele erreichen können. Außerdem müssen die Ziele mit ihrer Lebensstrategie und mit den eigenen Werten übereinstimmen oder vereinbar sein.

Mit anderen Worten: Bedürfnisse, Fähigkeiten und Werte müssen zusammenpassen und sich nicht gegenseitig widersprechen, wenn wir uns erfolgreich fühlen wollen. Hierzu zwei theoretische Beispiele:

1. Sicherheit ist eines der wesentlichen Bedürfnisse. Wer hat nicht den Wunsch, viel Geld zur Verfügung zu haben? Bestimmt haben Sie auch schon darüber nachgedacht: ‚Wie komme ich zu Geld?' Theoretisch gibt es unterschiedliche Möglichkeiten:

   - Sie gewinnen im Lotto,
   - Sie rauben eine Bank aus oder betrügen andere um ihr Geld,
   - Sie spekulieren mit Aktien,
   - Sie gehören zu den reichen Erben,
   - Sie gründen ein gewinnbringendes Unternehmen,
   - Sie arbeiten „hart" und vieles mehr.

   Sie meinen, ich habe ein bisschen gemogelt? Keineswegs. Tatsächlich bringen Ihnen alle diese Möglichkeiten mehr Geld. Und damit finanzielle Sicherheit. „Ein Bankraub ist doch kein Erfolg!", meinen Sie? Dann gehören Sie wie die meisten Menschen zu den rechtschaffenen Bürgern, ganz im Gegensatz zu Bankräubern oder Betrügern, die offensichtlich ein anderes Wertesystem haben. Ein Gauner wird den Betrug, Bankraub oder sonstige kriminelle Machenschaften durchaus als Erfolg sehen, vorausgesetzt, er wird bei der Ausübung nicht erwischt. Harte Arbeit wird er aber ganz und gar nicht als Erfolg werten.
   „Und Geld erben ist auch kein Erfolg", schieben Sie noch hinterher. Für Sie als Beobachter vielleicht nicht, aber fragen Sie mal den, der geerbt hat. Auch ein Spieler sieht die Erbschaft oder den Lottogewinn wahrscheinlich als Erfolg, lehnt den Bankraub jedoch als unmoralisch ab.

Verwirrend? Ein bisschen schon. Jeder hat also nicht nur seine ganz eigene Vorstellung, was er als Erfolg wertet, sondern auch von dem Weg, wie er diesen Erfolg erreicht.

Ulf: Geld verdient man mit harter Arbeit

Das hatte Ulf von klein auf gelernt. Denn sein Vater war stolz darauf, trotz seines Arbeitergehalts ein Haus gebaut zu haben und seine Familie gut versorgt zu wissen. Der Vater verachtete „alle Sesselhocker", die seiner Meinung nach ihr Geld mühelos verdienten. Auch Ulf konnte sich früher nicht mit anderen Arten, zu Geld zu kommen, identifizieren. Er betrachtete sie einfach nicht als Erfolg, weil er das Wertesystem seines Vaters übernommen hatte.

Was als Erfolg wahrgenommen wird, hängt auch von dem Wertesystem des Einzelnen und seinen Glaubenssätzen ab.

2. Anerkennung ist ebenfalls ein wichtiges Bedürfnis für die meisten von uns. Ein Weg, Anerkennung zu bekommen, sind sportliche Erfolge, wie zum Beispiel meine Turniersiege als Jugendliche. Um es aufs Siegentreppchen zu schaffen, gibt es verschiedene Wege.

   - Sie trainieren hart.
   - Sie sind ein außergewöhnliches Talent.
   - Sie erringen einen Sieg als Außenseiter.
   - Sie sind der Favorit.
   - Sie gewinnen mithilfe von Doping.
   - Die Auslosung war glücklich, Sie haben schwache Gegner.
   - Sie haben besseres Material als die anderen.

- Ihr schärfster Konkurrent hat sich verletzt oder scheidet aus anderen Gründen aus dem Wettbewerb.

Auch beim Sport ist Sieg nicht gleich Sieg!
Die gleiche Leistung wird ganz anders bewertet, abhängig davon, wie der Sieg errungen wurde – sowohl vom Sportler als auch von den Zuschauern.

Waren Sie Favorit, hat man das schon erwartet. Gewinnen Sie dagegen als Außenseiter, wird Ihr Sieg höher eingeschätzt. Dopen Sie und wissen es nicht – soll es ja geben –, fühlen Sie sich viel erfolgreicher, als wenn Sie bewusst betrogen hätten. Hat ein Sportler dagegen absichtlich gedopt und wurde trotz Kontrollen nicht erwischt, fühlt er sich vielleicht sogar besonders erfolgreich.

Es gibt keinen allgemeinen Weg, um Erfolg zu haben oder sich erfolgreich zu fühlen

Und das gilt für alle Lebensbereiche. Egal, was man tut, es gibt nichts, was von allen gleichermaßen als Erfolg empfunden wird. Wenn ich bei einem Reitturnier starke Gegner hatte, hätte meine Familie auch einen vierten Platz als Erfolg verbuchen können, aber nein, ich musste unter die ersten drei aufs Treppchen kommen.

Die einzige Referenz, auf die wir uns verlassen können, ist die, dass wir uns selbst, ganz persönlich, erfolgreich fühlen.

Dazu müssen wir unsere Bedürfnisse erfüllen, und zwar im Einklang mit unseren selbst gewählten Werten.

Wir müssen außerdem im Einklang sein mit unserer Lebensstrategie, die sich in unserer Charakterstruktur widerspiegelt. (Auf die verschiedenen Charakterstrukturen gehe ich noch ausführlich in Kapitel 6 ein.)

Bedürfnisse, Werte und Lebensstrategie

Betrachten wir die Definition von Erfolg noch einmal:

Die meisten Menschen fühlen sich erfolgreich, wenn sie ihre Bedürfnisse oder Ziele mit ihren Fähigkeiten und ihrer Lebensstrategie erreichen können und diese mit den eigenen Werten übereinstimmen oder vereinbar sind.

Klingt noch ein bisschen theoretisch, aber doch eigentlich ganz einfach! Was könnten denn dann die Ursachen dafür sein, wenn ich mich nicht erfolgreich fühle?

1. Ich habe nicht die entsprechende Fähigkeit, um das Ziel zu erreichen oder das Bedürfnis zu befriedigen.
   Beispiel:
   Tausende von jungen Menschen möchten musikalische Superstars werden, können aber nicht wirklich singen. Ihr Bedürfnis nach Anerkennung wird nicht gestillt, zumindest nicht in diesem Bereich.

2. Das Ziel stimmt nicht mit meinen Werten überein.
   Beispiel:
   In manchen Familien ist auch heute noch die Berufswahl beschlossene Sache. Das Kind wird den Eltern zuliebe Rechtsanwalt oder Arzt wie Vater, Großvater und Urgroßvater zuvor. Aber

wie erfolgreich kann ein Arzt sein, der nicht an der Schulmedizin festhält und lieber Heilpraktiker geworden wäre?

3. Meine Fähigkeit, die Art, wie ich mein Ziel erreiche, ist nicht mit meinen Werten kompatibel.
   Beispiel:
   So ging es mir, als ich Finanzprodukte verkaufte. Ich erreichte zwar mein Ziel, Geld damit zu verdienen. Aber wie ich das ausführte, war für mich so, als ob ich meine Kunden manipulieren und betrügen würde. Und ich fühlte mich definitiv nicht erfolgreich.

4. Ich habe gegensätzliche oder nicht miteinander vereinbare Ziele.
   Beispiel:
   Mal ganz allgemein ausgedrückt: Manche Männer schätzen die Sicherheit in einer Ehe; gleichzeitig möchten sie auch die Bestätigung durch neue Eroberungen erleben und mehrere Beziehungen nebeneinander führen. Wer nicht zu den Mormonen gehört oder sehr gut organisiert ist, der empfindet das als unvereinbar.

5. Ich habe gegensätzliche oder nicht miteinander vereinbare Werte.
   Beispiel:
   Freiberufler können entscheiden, wann, wo und wie oft sie ihrer Arbeit nachgehen, so stellen sich das Angestellte zumindest meist vor. Wer sich aber gleichzeitig um seine Rente sorgt und sich und seine Familie finanziell absichern will, sollte vielleicht eher nur nebenberuflich als Freischaffender arbeiten.

6. Eine Kombination aus den Punkten 1 bis 5.

Haben Sie die Liste genau angesehen? Die Fähigkeiten werden nur in einem einzigen Punkt auf dieser Liste abgehandelt. Aber sicherlich erinnern Sie sich noch daran, was Ihre Eltern gesagt haben, wenn Sie mit einer schlechten Note aus der Schule gekommen sind? Genau: dass Sie mehr lernen sollen! Fast überall, ob im Beruf, in der Schule, beim Sport und selbst in unseren Beziehungen zu unserer Familie, zu Kindern, Freunden und Kollegen wird angenommen, dass es an unseren Fähigkeiten liegt, wenn etwas nicht so läuft, wie wir es uns das vorstellen. Wir glauben, wir müssten mehr lernen, mehr trainieren, härter arbeiten oder uns Ratschläge holen, wie wir die Dinge noch besser machen können. Und wenn das auch nichts bringt, liegt es an der Begabung oder der Intelligenz, und unser Selbstwertgefühl sinkt rapide.
Dieses Denken und Verhalten gehören zu Erfolg 1.0. und funktionieren nicht. Solcherart Einstellung macht uns am Ende nicht erfolgreicher, sondern frustriert uns, lässt uns unglücklich werden und führt langfristig zu Burn-out und Krankheit.

Könnte das bei Ihnen auch der Fall sein? Vielleicht müssen wir eher unsere Werte und Ziele ändern oder sie anders ausrichten? Vielleicht stellt sich der gewünschte Erfolg dann ganz von selbst ein? Es ist außerdem viel einfacher, unsere Ziele und Werte anzupassen als unsere Fähigkeiten.

Ziele ergeben sich aus Bedürfnissen

Gewisse Bedürfnisse sind zwingend mit unserer Existenz verbunden. Zum Beispiel Essen, Trinken, Atmen und Schlafen, um nur die wichtigsten zu nennen. Darüber hinaus haben wir noch jede Menge individuelle Bedürfnisse, die das Leben angenehm und lebenswert machen. Zu den wesentlichen Grundbedürfnissen gehören Sicherheit, Abwechslung, Zugehörigkeit, Einzigartigkeit, Wachstum und Lebenssinn. Aus diesen Bedürfnissen erwachsen für jeden Menschen unterschiedliche und völlig individuelle Ziele.

Sicherheit kann zum Beispiel bedeuten:

- dass ich die Fähigkeit erlerne, mich selbst zu verteidigen,
- dass ich ein großes Haus mit allen erdenklichen Sicherheitseinrichtungen habe,
- dass ich mich immer in einer Gruppe aufhalte und nicht alleine sein will,
- dass ich reich sein und Macht haben will, oder
- dass ich die Beamtenlaufbahn einschlagen werde.

Abwechslung kann sich äußern:

- im Ausüben vieler verschiedener Berufe,
- im Erleben von Abenteuern,
- im Ausüben von Extremsportarten,
- im Unternehmen von weiten Reisen,
- in häufig wechselnden Partnerschaften,
- in einem großen Freundeskreis oder einer großen Familie.

Einzigartigkeit kann folgendes Verhalten bedingen:

- Sie häufen Statussymbole an,
- Sie brauchen sportliche Erfolge,
- Sie streben nach akademischen Titeln, oder
- Sie engagieren sich sozial und gemeinnützig.

Zugehörigkeit kann heißen:

- dass man eine Familie gründet,
- dass man Mitglied in verschiedenen Vereinen ist, oder
- dass man einen festen Freundeskreis hat.

Unsere Ziele setzen wir uns selten bewusst. In diesem Prozess spielen ganz viele Faktoren eine Rolle, die uns prägen: die Eltern, die Schule, die Umgebung, Vorbilder und, und, und. Oder wissen Sie genau, warum Sie sich Ihr spezielles Ziel gesetzt haben? Wahrscheinlich nicht! Deswegen ist es so schwer, zu sagen, woher dieses Ziel kommt und welches Motiv uns dahin treibt. Ist dieses Ziel überhaupt sinnvoll? Welches Bedürfnis soll es befriedigen, und ist ein anderes Ziel eventuell sinnvoller?

Die Beispiele in Kapitel 1 und 2 haben gezeigt, dass die richtige Zielsetzung eine Herausforderung ist. Manche erkennen das, was für sie wichtig ist, erst durch das, was sie nicht mehr wollen. So wie Brigitta, die nicht mehr das tun wollte, was andere ganz einfach von ihr erwarteten, und ihr eigenes Unternehmen gründete, anstatt weiter in der Firma ihres Mannes mitzuarbeiten. Und auch Ricarda fühlte sich erst erfolgreich, als sie nicht mehr ständig danach schielte, was „man" macht und wie „man" es macht.

Ziele setzen ist gut, die richtigen Ziele setzen ist viel, viel besser.

Überprüfen Sie also Ihre Ziele, nicht theoretisch, sondern ganz konkret an dem, was Sie tun. Gibt es ein Grundbedürfnis, das dadurch befriedigt wird, welches ist es, und ist es das „Richtige" – das, was Sie wollen?

Übung:

Erstellen Sie eine Liste mit rund dreißig Tätigkeiten und Aufgaben, die Sie in den vergangenen Tagen und Wochen ausgeführt haben. Es kann sich dabei um ganz gewöhnliche, aber auch außergewöhnliche Angelegenheiten wie Urlaub oder eine größere Anschaffung handeln. Es können Kleinigkeiten sein oder auch Dinge, die einen größeren Aufwand erfordern. Wenn Sie diese Liste fertig haben, überlegen Sie sich bei jeder dieser Aufgaben, welches Ihrer Bedürfnisse dadurch befriedigt wurde. Und schreiben Sie es dahinter.

Und, wie war's? Ist es Ihnen leicht gefallen, jeder Ihrer Tätigkeit ein Bedürfnis zuzuordnen? Dann herzlichen Glückwunsch! Denn oft ist es gar nicht so einfach, die Bedürfnisse zu identifizieren, warum wir manche Dinge tun. Mitunter tun wir die Dinge aus reiner Gewohnheit, ohne überhaupt noch ein wirkliches Bedürfnis zu verspüren. Oder sie haben sich im Laufe unseres Lebens verändert. Als Kind haben wir ganz andere Wünsche als ein Teenager und mit dreißig andere als mit sechzig. Denken Sie an Otto, der jahrzehntelang die Karriereleiter immer weiter nach oben kletterte. Als er Petra kennenlernte, war es damit vorbei; er ging in Altersvorruhestand, damit er seine Zeit mit ihr genießen konnte.
Das ist eine ganz natürliche Entwicklung, und ihre Beweggründe sind gut nachvollziehbar.

Gehen Sie nun einen Schritt weiter: Finden Sie heraus, woher Ihre Bedürfnisse und Ziele überhaupt kommen. Entspringen sie aus Ihnen selbst oder haben Sie sie vielleicht von Dritten übernommen, ohne dass Sie das überhaupt bemerkt haben?
Jeder Mensch, auch die sogenannten Individualisten, wird bei der Wahl seiner Ziele sehr stark von seiner Umgebung beeinflusst. Ein typisches Beispiel ist unsere Berufswahl, wo auch heute noch Jugendliche genötigt werden, dem Wunsch ihrer Eltern zu folgen oder gar in deren Fußstapfen zu treten. Bei der Freizeitgestaltung lassen wir uns von unserem Freundeskreis beeinflussen, um zum Beispiel das Gefühl nach Zugehörigkeit zu befriedigen.

Die extremsten Beispiele für die Manipulation von Bedürfnissen finden wir in der Werbung. Dabei werden in uns systematisch – künstliche – Bedürfnisse für Produkte geweckt, von denen wir die meisten überhaupt nicht benötigen. Und diese Ziele – zum Beispiel „weißer als Weiß" – sind immer sehr schwierig zu erreichen. „Stört mich doch nicht", meinen Sie jetzt vielleicht. Doch bei vielen entsteht dadurch ein innerer Konflikt, und der erzeugt Stress.

Also, nehmen Sie sich Ihre Liste mit Zielen und Bedürfnissen noch einmal vor und schwingen Sie den Bleistift. Kreisen Sie beherzt die Ziele ein, bei denen Sie das Gefühl haben, dass es gar nicht Ihre eigenen Ziele und/oder Bedürfnisse sind. Manchmal ist das sehr befreiend.

Wir richten unser Leben nach Werten aus

Werte sind positiv beurteilte Eigenschaften, Bedürfnisse oder auch Verhaltensweisen, an denen wir uns orientieren.

Ich zähle einige auf:

Abenteuer, Abwechslung, Aktivität, Anerkennung, Ansehen, Anziehungskraft, Attraktivität, Aufrichtigkeit, Aussehen, Ausstrahlung, Authentizität, Bedeutung, Beförderung, Begeisterung, Beharrlichkeit, Beliebtheit, Besitz, Bewunderung, Beziehungsfähigkeit, Bindungsfähigkeit, Charisma, Ehrgeiz, Ehrlichkeit, Eloquenz, Entfaltungsfreiheit, Entwicklung, Erfolg, Erholung, Familie, Fitness, Fortschritt, Freigiebigkeit, Freiheit, Freizeit, Freude, Freundschaft, Geborgenheit, Gelassenheit, Geselligkeit, Geld, Genuss, Gesundheit, Gerechtigkeit, Glück, Harmonie, Häuslichkeit, Heiterkeit, Höflichkeit, Humor, Intellekt, Intelligenz, Karriere, Kinder, Kreativität, Lebensfreude, Lebensstil, Leistung, Lernen, Liebe, Macht,

Mobilität, Nachhaltigkeit, Nostalgie, Offenheit, Optimismus, Ordnung, Partnerschaft, Perfektionismus, Pflichterfüllung, Pflichtgefühl, Pünktlichkeit, Reichtum, Respekt, Romantik, Rückhalt, Ruhe, Sexualität, Sicherheit, Sieg, Sinn, Sorgfalt, Sportlichkeit, Sympathie, Teamfähigkeit, Toleranz, Tradition, Treue, Überlegenheit, Unabhängigkeit, Unbekümmertheit, Ungebundenheit, Unternehmungslust, Veränderung, Verantwortungsbewusstsein, Vergnügen, Vertrauen, Vision, Wachstum (persönlich, geistig), Wertschätzung, Wohlstand, Zielstrebigkeit, Zukunftsorientierung, Zuverlässigkeit.

Werte werden zum großen Teil durch unsere Umwelt, Kultur und den Staat geprägt oder durch andere Organisationen, denen wir uns zugehörig fühlen. Diese Werte sind uns kaum bewusst; es sei denn, wir fangen an, uns mit unserem eigenen Wertesystem zu beschäftigen. Und das bedeutet praktisch:

Wesentliche Entscheidungskriterien, nach denen wir unsere Bedürfnisse, Ziele und auch unsere Handlungsoptionen auswählen, sind uns nicht bewusst!

Erstaunlich? Erschreckend? Unmöglich?

Machen Sie die Probe.

Übung

Schreiben Sie Ihre zehn wichtigsten oder höchsten Werte auf. Meine Liste oben soll Ihnen eine Hilfe geben, lassen Sie sich aber nicht auf diese Werte begrenzen. Ordnen Sie anschließend jedem Wert einen Ursprung zu. Vielleicht können Sie den konkret bestimmen, oder Sie stellen Vermutungen an. Fragen Sie sich, ob der Ursprung in Ihnen selbst liegt oder aber (auch) in der Familie, bei den Eltern, Freunden, in der Kirche oder in anderen Organisationen. Berücksichtigen Sie auch bestimmte Erlebnisse, Ängste und Traumata, die Ihre Werte begründet haben könnten.

Wie sieht Ihre Liste aus? Bei den meisten ist sie voll mit Kringeln. Interessant, dass recht viele Ihrer Werte gar nicht ihren Ursprung bei Ihnen selbst haben! Dass sie übernommen oder Ihnen durch Erziehung aufgeprägt wurden. Brauchen Sie diese Werte heute überhaupt noch? Oder haben sie vielleicht gar nicht mehr den Stellenwert, den Sie ihnen zuordnen? Wenn nicht, einfach streichen oder nicht mehr so wichtig nehmen. Denn Werte schränken uns ein. Je mehr Wertvorstellungen wir haben, was gut und was böse ist, desto eingeschränkter sind unsere Handlungsoptionen. Desto geringer sind die Möglichkeiten, unsere Ziele zu erreichen und uns erfolgreich zu fühlen oder erfolgreich zu sein.

Während einige Bedürfnisse durch unsere physische Existenz vorgegeben sind, ist die Varianz bei unseren Werten noch viel größer. Wir können unser Leben mit mehr oder weniger großem Sinn für Gerechtigkeit, Freiheit oder Harmonie leben. Unsere Werte können die Art, unser Leben zu meistern, sogar sehr einschränken. Gleichzeitig sind sie ein starker Antrieb für die Wahl unserer Ziele.

Ulla: Gerechtigkeit ist alles

Ulla hat diesen Wert von ihrem Vater übernommen, der sich über jede Ungerechtigkeit aufregte und jeden verurteilte, der seiner Meinung nach ungerecht handelte. Um die Liebe des Vaters zu gewinnen bzw. auf keinen Fall von ihm verurteilt zu werden, hat sich Ulla diesen Wert zu eigen gemacht und ihn auch im erwachsenen Alter beibehalten. Bei Ulla war der Gerechtigkeitssinn extrem stark ausgeprägt und schränkte sie enorm in ihren Handlungsoptionen als Anwältin ein. Alles, was sie als ungerecht empfand, löste bei ihr Protest aus. Ungerechte Lösungen konnte und wollte sie nicht als Erfolg anerkennen, auch wenn alle Beteiligten – zum Beispiel bei Scheidungen – damit zufrieden waren. Irgendwann erkannte Ulla, was sie von ihrem Vater übernommen hatte, und erhielt dadurch viel größeren Handlungsspielraum. Nun kann sie auch Lösungen oder Kompromisse akzeptieren, die nur „soweit es geht" gerecht sind. Und sie ist und fühlt sich viel erfolgreicher dabei.

Das gilt für fast alle Werte. Je weniger extreme Wertvorstellungen wir haben, desto größer sind unsere Handlungsfreiheiten und desto erfolgreicher können wir sein und uns fühlen. Andererseits brauchen wir auch Werte zur Orientierung. Sie sind uns eine große Entscheidungshilfe bei der Wahl unserer Optionen und gleichzeitig ein starker Antrieb für hohe, schwer zu erreichende Ziele. Nur mit hohen Werten in bestimmten Bereichen können wir außergewöhnliche Leistungen erbringen.

Unsere Lebensstrategie bestimmt uns

Die grundlegenden Fähigkeiten, wie wir unsere Bedürfnisse befriedigen, entwickeln wir in den ersten sechs Lebensjahren.

Die meisten davon in den ersten Monaten. Als Baby sind wir hilflos und auf die Versorgung und Befriedigung unserer Bedürfnisse durch unsere Umgebung angewiesen. Wurden unsere Grundbedürfnisse – wie ausreichende Nahrung, Aufmerksamkeit, Berührung, angenehmes Körpergefühl und vieles mehr – nicht auf Anhieb von der Umgebung erkannt und befriedigt, so haben wir „agiert", um dieses Ziel zu erreichen, etwa durch Schreien, Lachen oder Glucksen. Je älter das Kind wird, desto mehr Optionen hat es.
Aus diesen Reaktionen entwickeln sich unsere Fähigkeiten und daraus die bevorzugte Lebensstrategie. Und diese Strategie behalten wir normalerweise für unser gesamtes Erwachsenenleben bei. Die Lebensstrategie bezeichnet man auch als Charakterstruktur. Da sie sich im frühen Kindesalter herausbildet, geht sie in unser Unterbewusstsein über, wir denken also darüber nicht mehr groß nach. Außerdem ist diese Lebensstrategie uns so eingebrannt, dass es sehr schwierig ist, sie zu ändern.

Typische Charakterstrukturen sind die denkorientierte, die belastungsorientierte, die bedürfnisorientierte, die kontrollorientierte und die leistungsorientierte Struktur. Wir verfügen alle über eine Mischung aus verschiedenen Anteilen dieser Strukturen. Jedoch haben wir ein oder zwei Strukturen, die stärker vertreten sind als die anderen, und diese prägen uns.
Unsere Charakterstruktur beeinflusst sehr stark die Wahl unserer Ziele und unser Wertesystem, da sie bereits in der frühen Kindheit angelegt wurde. Unsere Charakterstruktur ist viel fester verankert als unsere Werte und Ziele, bleibt uns selbst allerdings meistens verborgen, obwohl wir sie bei anderen sehr gut einordnen können.

Jetzt fragen Sie sich bestimmt, welche Charakterstruktur Ihr Leben bestimmt. Ich habe diesem Thema ein ganzes Kapitel gewidmet, da es einen sehr großen Einfluss darauf hat, ob wir uns überhaupt erfolgreich fühlen können und ob wir Erfolg überhaupt anstreben.

Aber sicherlich können Sie schon jetzt nachvollziehen, warum einer der am weitesten verbreiteten Ratschläge für den Erfolg in der Regel nicht hilft. Es geht dabei um den Ratschlag: „Mit mehr Fleiß, mehr Lernen und Training und besserer Ausbildung und Bildung schaffen auch Sie es, erfolgreich zu sein." Das kann so nicht funktionieren. Denn unsere Fähigkeiten werden weitgehend durch unsere Charakterstruktur vorgegeben. Diese eignen wir uns schon in früher Kindheit an. Mit Fleiß, Training und Bildung können wir nur unsere Fähigkeiten verändern, nicht aber die Charakterstruktur.

Warum haben wir unsere Ziele und unser Wertesystem nicht dem angepasst, was uns entspricht: nämlich dem Charakter, den Fähigkeiten und den Bedürfnissen? Ganz einfach: weil das unseren Eltern, Lehrern und sonstigen Erziehern ganz und gar nicht gefallen hätte. Das hätte gleichzeitig das Weltbild unserer Bezugspersonen infrage gestellt. Und wir waren ja „nur" ein Kind.

Die meisten Informationen verarbeiten wir unbewusst

Gehen Sie gedanklich noch einmal zu dem Punkt zurück, als Sie die Liste Ihrer Ziele und Werte erstellt haben. Wahrscheinlich war es gar nicht so einfach, herauszufinden, welche Ihre eigenen sind und welche von außen kommen. Das liegt daran, dass wir die meisten dieser Ziele und Werte ganz unbewusst anlegen, unbewusst übernehmen oder uns auch unbewusst dafür entscheiden. Manchmal tun wir das bewusst, aber über die Jahre geht die Information in unser Unterbewusstsein über, und wir nehmen sie nicht mehr wahr.

Dies gilt übrigens für alle Informationen, die wir aufnehmen!

Unser Körper nimmt über die Sensorik circa vierhundert Milliarden Bit pro Sekunde auf, davon werden uns aber rund nur zweitausend Bit pro Sekunde bewusst. Die Information, die uns nicht bewusst ist, wird jedoch nicht einfach ignoriert, sondern sie wird unbewusst verarbeitet. Ohne diese unbewusste Verarbeitung von Information könnten wir gar nicht existieren. So gut wie alle Körperfunktionen, wie Atmung, Herzschlag, Verdauung und vieles mehr, geschieht völlig ohne unsere bewusste Entscheidung. Dabei reagiert unser Körper sehr wohl auf äußere und innere Einflüsse und sogar auf unsere Gedanken. Trotzdem können wir auch auf unsere Körperfunktionen, wie zum Beispiel die Atmung, bewusst Einfluss nehmen.

Wir denken meist unbewusst

Nicht nur die Information, die wir über unsere Sinne aufnehmen, sind uns bis auf einen geringen Bruchteil nicht bewusst. Selbst das Denken läuft zum größten Teil unbewusst ab! Die Wissenschaft schätzt, dass täglich bis zu sechzigtausend Gedanken durch unseren Kopf rasen. Jedoch sind uns maximal drei Prozent davon bewusst. Das bedeutet:

Siebenundneunzig Prozent unserer Gedanken werden von uns nicht wahrgenommen!

Man könnte meinen, die haben keine Wirkung auf uns. Völlig falsch. Sie wirken – und wie. Ohne diese unbewussten Gedanken könnten wir unseren Alltag gar nicht bewältigen. Und das können Sie jeden Tag selbst beobachten. Zum Beispiel beim Autofahren. Als Sie das Autofahren gelernt haben, haben Sie jeden Vorgang, wie Kuppeln und Schalten, ganz bewusst durchgeführt. Nach einigen Monaten dachten Sie nicht mehr darüber nach und machten das ganz „automatisch". Und trotzdem muss Ihr Gehirn einen Befehl an Ihre Hand schicken, um den Schaltknüppel zu bewegen. Ähnlich ist es fast bei allen häufig ausgeführten und automatisierten Handlungen. Wir machen das einfach, ohne groß darüber nachzudenken. Natürlich können wir uns die Gedanken, die mit diesen Handlungen verbunden sind, wieder bewusst machen. Das gilt allerdings nicht für sehr feine Körpersteuerungen, wie zum Beispiel die unserer Muskeln und Drüsen. Die bedürfen zusätzlich einer neuronalen Steuerung, und wir haben kaum eine Chance, uns diese bewusst zu machen.

Das UNbewusste wirkt auf unsere Ziele und Werte

Wir stellen also fest: Das UNbewusste, also das, was wir uns erst wieder bewusst machen müssen, hat eine große Bedeutung für unser Leben und für unseren Erfolg. Viele mentale Trainingsmethoden haben das erkannt, gehen aber meiner Erfahrung nach einen ineffektiven Weg. Bei ihnen will man das unbewusste Denken in die gewünschte Richtung lenken. Die Teilnehmer lernen und wiederholen positive bewusste Gedanken so lange, bis sie ins Unterbewusstsein eingebettet sind.

Ganz ehrlich: Können Sie wirklich glauben, dass zehn bewusste positive Gedanken dreihundert unbewussten Gedanken entgegenwirken, die Ihnen das Gegenteil „zuflüstern"? Eben!
Ich möchte das noch einmal ganz deutlich zusammenfassen: Unsere Ziele, Werte und Fähigkeiten sollten miteinander im Einklang sein, damit wir uns wirklich erfolgreich fühlen können. Besteht die Möglichkeit, dass die unbewussten Informationen und unbewussten Gedanken bewirken, dass unsere Ziele und Werte nicht kompatibel sind und uns das gar nicht bewusst ist?

Es fällt Ihnen schwer, das zu glauben?

Das kann ich gut verstehen, zumal wir weder in der Schule noch an der Uni etwas darüber lernen. Wir bekommen beigebracht, wie unser Körper funktioniert, welche chemischen und physikalischen Reaktionen wann und wieso darin stattfinden. Alles klare Fakten und jederzeit in Laborversuchen reproduzierbar! Aber Denken und Fühlen, das wird als „nicht wissenschaftlich" abgetan. Zu Unrecht.

Lesen Sie im nächsten Kapitel, wie selektiv wir unsere Umwelt sehen und wie sehr uns unsere Erfahrungen prägen. Lesen Sie außerdem, wie „das mit dem Energiefeld" funktioniert und warum es sinnvoll ist, darin Ordnung zu schaffen. An den jeweiligen Beispielen aus der Coachingpraxis oder von meinen Erlebnisabenden kann man den Zusammenhang zwischen unbewussten Gedanken und verhindertem Erfolg leicht nachvollziehen. Ich finde es immer wieder verblüffend, wie deutlich der Betroffene auch körperlich reagiert. Man kann regelrecht sehen, wie eine Korrektur im Energiefeld „einschlägt".

4

Aufräumen im Informationsfeld

Wer noch nie etwas von Informationsfeldern gehört hat, dem wird das Nachfolgende vielleicht seltsam vorkommen: Jeder Mensch, jedes Tier und jede Pflanze hat ein Energiefeld, eine Aura, Prana oder Chi um sich herum. In der östlichen Philosophie und Medizin sind sie seit Jahrtausenden im Denken fest verankert. Manche Erwachsene und vor allem Kinder können diese Felder auch als unterschiedliche Farbmuster sehen. Die meisten Menschen haben diese Fähigkeit allerdings verlernt. Mittlerweile gibt es viele Geräte, die solche Felder messen und sichtbar machen. (Mehr zu den Messmethoden erfahren Sie am Ende des Kapitels.)
Beim Menschen hat das Energiefeld, das uns umgibt, ungefähr die Form eines großen Eies. Dieses „Ei“ speichert Informationen von außen in unserem Feld ab und gibt Informationen aus unserem Feld nach außen ab. Wir stehen also in ständigem Austausch mit unserer Umwelt. Ob wir das wollen oder nicht.

„Was hat das mit Erfolg zu tun?“, fragen Sie sich vielleicht. Ganz viel! Deswegen ist es wichtig, dass Sie nachvollziehen, wie Ihr Energiefeld und damit Ihre Persönlichkeit, Ihre Wünsche, Gedanken und Ziele entstanden sind. Und was Sie daran hindert, diese Ziele zu erreichen. Dadurch können Sie unbewusste Gedanken, Muster und Prägungen aufspüren und verändern.

Vier wichtige Dinge sollten Sie sich also bewusst machen:

1. Das, was uns ausmacht, entsteht zum großen Teil durch Einflüsse von außen.
2. Ein Energiefeld kann „Schwachstellen“ haben. Energetische Schwächen entstehen immer dann, wenn wir mit Dingen, die uns oder um uns herum passieren, nicht einverstanden sind.
3. Die gespeicherten Informationen und Gedanken können sich widersprechen.
4. Energiefelder kann man mit neuen (positiven) Informationen und Gedankenmustern füttern und alte (negative) löschen.

Wie wir die Welt sehen

„Natürlich so, wie sie ist“, werden Sie jetzt sagen. „Realistisch.“
Das stimmt allerdings nicht, und das ist auch gut so. Denn jeder hat andere Erfahrungen, andere Einstellungen und ein anderes Gemüt. (Ist ein Glas für Sie halb voll oder halb leer?) Und jeder sieht einen anderen „Ausschnitt“ vom Leben.
Mit diesem Thema befassen sich auch Sozialwissenschaftler. Sie haben den Ausdruck „Framing“ geprägt. Frame heißt auf Deutsch Rahmen. Alles, was wir wahrnehmen, wird bestimmt durch den Rahmen oder die Umstände, in denen wir es wahrnehmen. Ein Beispiel: Kneift ein Freund von uns kurz mal ein Auge zu, erkennen wir das als nervösen Tick, lächelt er dabei, ist es ein ironisches oder aufmunterndes Zwinkern. Und wenn uns ein Fremder ganz deutlich zuzwinkert, sollten wir ein unmoralisches Angebot in Betracht ziehen.

Wir sehen immer nur einen Ausschnitt

Nämlich den, den wir sehen sollen. In der Werbung, in der Politik sowieso und auch in den Medien. Ein Artikel kann die gleichen Inhalte aufweisen; je nachdem, wie er gegliedert ist, wird er einen positiven oder negativen Eindruck hinterlassen. Oder stellen Sie sich vor, Sie lesen einen „neutralen" Bericht über Solarenergie. Wie wird Ihre Meinung wohl ausfallen, wenn Sie im Artikel nebenan lesen, dass man sich gar nicht so sicher ist, ob diese Alternative die CO_2-Emissionen wirklich reduziert?
Die Wissenschaft definiert Framing als ein Schema von Interpretationen, gesammelten Erfahrungen, erlernten Denk- und Verhaltensmustern, manchmal auch Klischees. Sie ermöglichen uns, das, was von außen auf uns einwirkt, zu verstehen und einzuordnen. Jeder Mensch „schafft" sich eine Unmenge von mentalen Filtern – natürlich unbewusst –, durch die er die Welt sieht, damit sie für ihn Sinn ergibt.
Was das für Filter sind, wird natürlich wieder beeinflusst von den Eltern, der Familie, der Schule, den persönlichen Erfahrungen und vielem mehr. Wir haben ein Beispiel dafür bereits erwähnt. Haben Sie es erkannt? Cordula betrachtete ihren Mann durch sehr kritische Filter. Als sie diesen „Ausschnitt" verschob und endlich erkennen konnte, was er alles für sie und ihre Kinder tat, wurden sie wirklich die glückliche Familie, als die sie nach außen hin schon galten.
Und genau durch solche Filter betrachten wir natürlich auch das Thema „Erfolg".

Unsere Filter sind unterschiedlich

Und deshalb können wir widersprüchliche Informationen in unserem Energiefeld finden. Ich habe das ja schon erwähnt, dass Werte und Ziele nicht zusammenpassen können. Eine solche Mixtur ergibt natürlich Chaos und Situationen, in denen nichts vorangeht. Wie sollte es auch?! Ihr UNBewusstsein ist nicht eindeutig programmiert, und meist werden Sie sich – egal, was Sie tun oder lassen – unglücklich und unbehaglich fühlen. Bei mir war das so, als ich beim Finanzdienstleister richtig gute Provisionen einnahm. Der Teil in mir, der Geld verdienen wollte, jubelte. Aber mein Wertesystem rebellierte, weil ich die Produkte, die ich verkaufte, nicht verantworten konnte.
Wenn Sie sich in einer solchen Situation befinden, dann ist es fast egal, was Sie tun. Es wird immer irgendwie verkehrt sein. Entweder Sie „steigen aus“, so wie ich, oder Sie spüren diese widersprüchlichen Informationen auf und neutralisieren sie.

Widersprüchliche Informationen, Ziele und Werte schwächen das Energiefeld

Diese widersprüchlichen Schwingungen in unserem Energiefeld bezeichnen wir auch bildhaft als „energetische Verknubbelungen“.
Unser Energiefeld wirkt sich in zwei unterschiedliche Richtungen aus.

1. Es wirkt auf andere.
   Wir nehmen alle das Energiefeld von anderen unbewusst wahr. Wenn wir auf einen anderen Menschen

zugehen, „verhaken" sich quasi unsere Energiefelder an diesen sogenannten Resonanzpunkten und erzeugen bei uns und/oder beim anderen Stress. Das ist der Grund, warum der erste Eindruck immer zutrifft. Sollten Sie also in einem Bewerbungsgespräch sitzen und sind sich selbst nicht sicher, ob Sie den kommenden Aufgaben gewachsen sein werden, wird das Ihr Gesprächspartner „wittern". Denn durch unsere Energiefelder tauschen wir unbewusst sämtliche Informationen aus. Also machen Sie sich nicht allzu viele Hoffnungen, dass Sie diesen Job bekommen. Wenn die energetischen Verknubbelungen durch Korrekturen neutralisiert werden, dann gibt es keinen Punkt, wo ein anderes Energiefeld sich verhaken kann. Durch Korrekturen räumen wir sozusagen unser Energiefeld auf.

2. Energiefelder wirken auf uns selbst.
   Wenn unser Unterbewusstsein zwei oder sogar mehrere verschiedene oder sich widersprechende Befehle gibt, dann kann da ja nur ein Zickzackkurs herauskommen. „Macht doch nichts! Beim Segeln kommt man damit auch ans Ziel", wird so mancher einwenden. Tut mir leid, aber im wirklichen Leben ist das keine glückliche Option. Widersprüchliche Gedanken, Werte oder Ziele können der Grund sein, warum wir unser Ziel nicht erreichen oder uns immer wieder selbst sabotieren. Ein Beispiel dazu aus der Coachingpraxis meiner Schwester Christina.

Anja: Der Erfolg war immer vor meiner Nase

Anja hat als Aushilfe in einem großen Verlag angefangen und sich bis zur Assistentin der Geschäftsleitung hochgearbeitet. Der nächste Schritt war es, eine eigene Abteilung selbstständig zu führen. Das war auch Anjas Ziel. Aber immer, wenn eine mögliche Beförderung „in der Luft lag", wurde sie krank, setzte ein Projekt in den Sand oder fühlte sich so gestresst, dass ihr Umgangston unmöglich war. Bei der CQM Sitzung stellte sich heraus, dass Anja eine Schwäche auf „Chefin sein" und „Männern was sagen" hatte. Ihre Eltern lebten in einer sehr traditionellen Ehe, wo der Vater bestimmte, was gemacht wird. Scheidungen und Trennungen wurden mit den Sätzen kommentiert: „Die hat ihren Mann nicht zufriedenstellen können", oder: „Das kommt davon, sie musste ihrem Mann ja auch immer reinreden." Mit diesen Glaubenssätzen ist Anja aufgewachsen. Solange sie als Assistentin einem Mann zuarbeitete, war alles gut. Als sie in eine Position kommen sollte, in der sie auch Männern sagen sollte, wo es langgeht, sabotierte ihr Unterbewusstsein ihr Ziel. Meine Schwester korrigierte diese Gedanken, und drei Monate später wurde Anja Abteilungsleiterin.

Könnte es sein, dass unsere unbewussten Glaubenssätze, unbewussten Gedanken und sonstige unbewusste und in Vergessenheit geratene Erlebnisse und Informationen viel größere Auswirkungen auf unseren Erfolg im Leben haben als all das Wissen und die Fähigkeiten, die wir uns bewusst aneignen? Ich bin der Überzeugung, dass es genau so ist.

Schwächende Informationen verhindern das Erfolgsgefühl

Es gibt neutrale Informationen in unserem Energiefeld, die uns wenig beeinflussen. Widersprüchliche Informationen können den Erfolg verhindern. Manchmal gelingt der Erfolg anscheinend – so wie Erfolg 1.0 gesehen wird –, gutes Einkommen, großes Haus, neues Auto, teure Familienurlaube. Alles da, aber derjenige fühlt sich trotzdem nicht erfolgreich und auch nicht wirklich glücklich.

Gerhard: Erfolg macht nicht glücklich

Gerhard ist in bescheidenen Verhältnissen aufgewachsen, hat studiert und ist jetzt im Vorstand einer Firma tätig. Er hat ein entsprechendes Einkommen, und objektiv betrachtet ist er finanziell unabhängig. Aber das Gefühl, wirklich erfolgreich zu sein, hat er nicht.

Sein persönliches Ziel war es immer, viel Geld zu verdienen, und der Wert „Reichtum und finanzielle Sicherheit" steht bei ihm an vorderster Stelle. Trotzdem verbirgt er seinen Wohlstand und kann ihn nicht genießen, obwohl er ihn so ersehnt hat.

Mit CQM fand ich heraus, dass auf den Begriffen „Reichtum und Wohlstand" emotionale Ladung liegt. Gerhard hat als Kind mitbekommen, dass sein Vater sehr oft schlecht über reiche und wohlhabende Menschen gesprochen hat. Er schien sie regelrecht gehasst zu haben. Gerhard hat diese Information abgespeichert, und mit der Zeit wurde sie ins Unterbewusstsein verdrängt. Obwohl Gerhard bewusst Reichtum anstrebte, lehnte er ihn aber unbewusst ab – aus Angst vor dem Hass des Vaters.

Angelika: Erfolg macht neidisch

Angelika hat sich eine sehr erfolgreiche Modelagentur aufgebaut. Dennoch spielte sie das immer herunter und lebte ziemlich bescheiden angesichts ihres Einkommens. Auch bei Angelika lag eine Schwäche auf „Reichtum und Erfolg". Sie ist ohne Vater aufgewachsen, und ihre Mutter hat immer über andere hergezogen, die mehr Geld hatten als sie und ihre Tochter – in ihren Augen völlig unverdient. Angelika hat unbewusst die Angst vor dem Neid ihrer Mitmenschen übernommen. Auch lebte sie in dem Glauben, den Wohlstand nicht verdient zu haben.

Nun ist das, was wir in unserer Kindheit an negativen Informationen, Gedanken und Glaubenssätzen „mitbekommen" haben, glücklicherweise kein unabänderliches Schicksal. Wir können diese schwächenden Informationen und Gedanken aufspüren und sie uns dadurch bewusst machen. Genauer: Jeder von uns kann ganz einfach selbst etwas tun, um diese unbewussten Einflüsse zu reduzieren und zu neutralisieren. Wir „korrigieren" es. „Klingt gut", sagen Sie, „aber wie soll das gehen?" Mit der Chinesischen Quantum Methode (CQM)!

Korrigieren Sie Ihre Schwächen

Das Wesentliche an CQM ist das Verändern dieser schwächenden Informationen. Ich nenne das Korrigieren. Und das ist so unglaublich einfach, dass es die meisten Menschen erst einmal nicht glauben können. Ich sehe das immer wieder bei Erlebnisabenden und Seminaren in den Augen der Teilnehmer. „Wie kann das sein, dass der Freiwillige auf der Bühne eben noch humpelte und jetzt wieder normal laufen kann?"

Es geschieht durch Gedanken. Und zwar durch einen einzigen Gedanken. Und dieser lautet „Korrigieren". Hinter diesem Gedanken steckt die Absicht, die Schwäche oder die schwächende Information in eine Stärke umzuwandeln. Das funktioniert natürlich nicht nur bei jemandem, der humpelt. Sie wollen ja erfolgreich sein. Aber genauso, wie man mit CQM die Schwäche oder Schwächen für „Bein nachziehen" korrigieren kann, kann man das auch für „mangelnden Erfolg" vornehmen. Und Sie können es sogar selbst tun!

Ich kann mir vorstellen, dass Ihnen jetzt ein ganzer Schwarm von Fragen durch den Kopf rast:

- Wie weiß ich, dass ich das Richtige korrigiert habe?
- Wie stelle ich fest, dass meine Korrektur gewirkt hat?
- Welche Information genau muss ich korrigieren?
- Wie finde ich die Informationen, die ich korrigieren muss?
- Kann ich nur bei mir korrigieren, oder funktioniert es auch bei anderen?
- Welche Erklärung gibt es dafür, dass es überhaupt funktionieren kann?

Viele Fragen beantworten sich beim Korrigieren. Wir beobachten einfach die Auswirkungen: Verschwindet das Problem oder das Symptom, haben wir das Richtige korrigiert, und die Korrekturen haben gewirkt. Am besten ist das natürlich an körperlichen Symptomen von außen zu beobachten. Bei Beziehungs- oder Businessproblemen kann die Auswirkung in der Regel nur zeitlich versetzt festgestellt werden. Bei einem schwerwiegenden körperlichen Problem, das über Jahre existiert und dann innerhalb von kürzester Zeit verschwindet, ist der Zusammenhang viel offensichtlicher.

Welche Begriffe, Ereignisse, Gedanken und Aussagen man korrigieren sollte, um eine Veränderung zu bewirken, ist sehr individuell. Manchmal reicht es schon aus, den Begriff „Reichtum“, wie bei unseren Beispielen, zu korrigieren. In anderen Fällen muss man zu den tieferen Ursachen vordringen. Manchmal ist es auch ein ganz bestimmtes Wort, das die Schwäche auslöst. Generell gilt: Je genauer man die Ursache lokalisiert hat, desto größer ist die Wirkung. In der Regel ist es eine ganze Anzahl von Ursachen, die korrigiert werden, da selten nur eine einzige Ursache existiert, die das Symptom verursacht. Oder den Erfolg verhindert.

Das Auffinden von Schwächen

Sie werden sicherlich schon erkannt haben, dass das Auffinden der entsprechenden Schwächen anspruchsvoller sein kann als das eigentliche Korrigieren. Sie müssen dazu weniger Ihren Verstand benutzen, sondern vielmehr Ihr Gefühl. Aber das haben wir im Laufe der Zeit ab-erzogen und ab-trainiert bekommen. In der Schule heißt es immer: „Denk mit!“, und nicht: „Fühl mit!“

Mittlerweile hat aber auch die Neurowissenschaft erkannt, das Denken ohne Fühlen nicht möglich ist. Denn ob ein Gedanke richtig oder falsch ist, ist letztendlich ein Gefühl. Wenn Sie in einem meiner Seminare CQM einüben, lernen Sie wieder, bewusst zu fühlen. Dazu verwenden wir am Anfang den kinesologischen Muskeltest und einige andere Hilfsmittel.

Wir trainieren dadurch unsere Intuition und lernen, wieder auf sie zu vertrauen.

Wussten Sie, dass Bauchentscheidungen statistisch gesehen erfolgreicher sind als die sogenannte Logik? Und Intuition ist nichts anderes als das Bewusstmachen von Informationen aus Energiefeldern, auch von anderen und aus der Umgebung. Unser Gefühl sagt uns, was wir von diesen Informationen halten sollen. Achten Sie auf die feinen Signale Ihres Körpers und folgen Sie Ihren Impulsen. So wie Beatrice aus der Runde im Burgrestaurant, die heute fühlen kann, was richtig für sie ist und was nicht. Das ist der Königsweg und der schnellste Weg, um energetische Schwächen zu finden.

Sie können alles und jeden korrigieren

Vorausgesetzt natürlich, dass Ihnen die betreffende Person ihr Einverständnis gibt. (Sie möchten ja auch nicht, dass jemand Fremdes einfach in Ihrem Energiefeld herumkorrigiert!)
Die Wirkungen von Korrekturen können nicht mit Selbsterkenntnis erklärt werden, auch wenn in manchen Fällen die Selbsterkenntnis hilfreich ist. Auf der anderen Seite haben wir gelegentlich Momente der Selbsterkenntnis und können unser Verhalten trotzdem nicht ändern.

Korrekturen wirken dadurch, dass wir das Informationsfeld des Betreffenden verändern. Erinnern Sie sich an das Ei um unseren Körper, das ich am Anfang dieses Kapitels erwähnt habe?

Dieses Energiefeld verändert sich durch die Korrekturen, egal, ob es unser eigenes ist oder das von jemand anderem. Und dazu muss der andere noch nicht einmal CQM kennen.

Wir haben Experimente mit Probanden durchgeführt, die sich korrigieren lassen wollten, aber selbst so gut wie nichts über CQM wussten. Obwohl ihnen noch nicht einmal mitgeteilt wurde, was korrigiert wurde, funktionierten die Korrekturen wunderbar.
Deshalb lässt sich CQM in der Alternativmedizin und im Coaching einsetzen, auch ohne dass die Patienten CQM kennen oder erlernen müssen.
In vielen Fällen ist es sogar effektiver, wenn wir mit einem Außenstehenden an einem unserer Probleme arbeiten. Wir selbst haben nämlich oft „blinde Flecken", wo wir nicht genau hinsehen wollen oder können. Ein anderer kann dort viel leichter hinschauen und die Sache neutraler betrachten als wir selbst. Insofern kann CQM, bei anderen angewendet, sogar wirkungsvoller sein.

Neutralität ist wichtig für erfolgreiche Korrekturen

Stellen Sie sich vor, Sie sind Rechtsanwalt und würden vor Gericht angeklagt. Würden Sie sich selbst verteidigen?
Oder Sie sind Chirurg, und Ihr eigenes Kind müsste am offenen Herzen operiert werden. Würden Sie es selber tun, oder holen Sie sich einen Kollegen zu Hilfe? Könnten Sie in jedem Fall objektiv, angemessen und frei von Angst die nötigen Entscheidungen treffen?
Nein, sehr wahrscheinlich nicht. Sie wären einfach nicht neutral. Und neutral zu bleiben, fällt uns natürlich besonders

schwer bei Personen und Themen, mit denen wir selbst emotional verbunden sind. Seien es unsere Kinder, der Partner, die Eltern oder wir selbst.
Auch die Wirksamkeit von CQM hängt stark von der Neutralität des CQM Anwenders ab. Neutralität heißt, dass ich als Coach die Schwächen des Klienten nicht bewerte. Nicht negativ und nicht positiv. Ein guter CQM Coach bleibt ganz bei sich und erkennt die Schwächen seines Klienten aus seinem eigenen Gefühl heraus. Erinnern Sie sich, was Gerlinde sinngemäß als Erfolg betrachtete? Dass sie sich als Coach nicht mehr die Schwächen und Probleme ihrer Klienten „anzieht". Wer neutral ist, macht nicht Mut, redet nicht gut zu und zeigt kein Mitleid. „Oh", entfährt es Ihnen jetzt vielleicht unwillkürlich. Aber diese - anscheinende - Gefühllosigkeit ergibt Sinn. Denn eine Bewertung verstärkt beim Klienten bewusste und unbewusste Ängste und erzeugt emotionalen Stress. Und das verhindert, dass Korrekturen wirken können.

Beispiel:
Mandana ist eine richtige Drama-Queen. Ständig erzählt sie ihren Freunden und Kollegen, was alles nicht geklappt hat und wie sehr sie das mitgenommen hat und überhaupt, wie fürchterlich alles ist. Alle sind ganz betroffen, voller Mitgefühl, und niemand traut sich, den ein oder anderen Sachverhalt mal zu relativieren. Mandana befriedigt damit ihr Bedürfnis nach Aufmerksamkeit. Aber meinen Sie, auch nur eines ihrer Probleme würde dadurch gelöst werden? Ganz im Gegenteil. Es scheint, als genieße sie ihre Missgeschicke.

Wie kann man sich die Wirkung von Korrekturen erklären?

Sowohl unsere Gedanken als auch unser Energiefeld besteht aus Schwingungen. Ich habe das bereits am Anfang des Kapitels erklärt. Denken Sie an das Ei.
Die Homöopathie, Bachblüten-, Farb- und Klangtherapie wirken nach dem gleichen Prinzip wie Korrekturen. Hier wirkt nicht die Materie, sondern die Information und/oder elektromagnetischen Wellen, die unser Energiefeld verändern. Elektromagnetische Wellen – so etwas kennen wir vom Radio und Fernsehen oder von Funkern. Auch unser Energiefeld, also das Ei um uns herum, besteht aus solchen elektromagnetischen Wellen.

Felder und Schwingungen beeinflussen sich in der Regel gegenseitig durch Überlagerung. Stellen Sie sich vor, Ihr Energiefeld bestünde aus Wasser. Wenn Sie einen Stein hineinwerfen, wird der Wellenkreise ziehen und die Strömungen des Wassers verändern. Das können Sie zumindest an der Oberfläche sehen. Werfen Sie noch einen Stein direkt daneben ins Wasser, verändert sich das Wellenmuster erneut. So ähnlich ist das auch mit unserem Energiefeld. Für mich ist es logisch, dass sich unsere Gedanken in unseren Energiefeldern und/oder anderen Energiefeldern widerspiegeln und diese beeinflussen. Das Informationsmuster ändert sich, sobald wir einen „neuen Stein“, also neue Informationen, Gedanken, Werte oder Überzeugungen, hinzufügen oder alte löschen. Durch die Veränderung des Energiefelds verändert sich auch unser Körper, und Beschwerden oder Krankheiten verschwinden.

Einige dieser grundlegenden Fakten werden in der westlichen Wissenschaft und Kultur einfach ausgeblendet, aber in der östlichen Philosophie und Wissenschaft sind sie selbstverständlich.

Gedanken sind NICHT nur im Kopf

In der westlichen Welt leben die meisten Menschen in dem Glauben, dass unsere Gedanken rein privat sind und sich nur in unserem Kopf befinden. Dieser Glaube hält sich hartnäckig, obwohl wir die Gedanken durch Anlegen von Dioden messen können; extern, also außen. Wissenschaftler sind bereits dabei, eine Technologie zu entwickeln, um unsere Gedanken zu scannen. Wem soll das nützen? Angeblich uns, um uns vor Terroristen zu schützen. Aber das nur nebenbei. Dass unsere Gedanken – auch ohne dass wir sie aussprechen – bei anderen Menschen Wirkung zeigen, wird dagegen eher der Esoterik und Metaphysik zugeordnet. Dabei kennen wir weder den Ursprung von Gedanken noch können wir bewusst unseren nächsten Gedanken bestimmen.

Meiner persönlichen Erfahrung nach haben Gedanken durchaus eine externe Wirkung, und wir nehmen die Gedanken von anderen sogar wahr. Meist unbewusst, denn vielen Menschen gelingt es nicht, den Inhalt dieser Gedanken zu „decodieren“ und ihn sich bewusst zu machen.

In der Tat ist es so, dass sehr viele Menschen sogar die Gedanken anderer wahrnehmen, aber dies als Zufall abtun. Kennen Sie das auch? Sie denken an jemanden, und derjenige ruft wenige Minuten später an. Mir ist es mal passiert, dass ich den Hörer abgenommen habe, und obwohl ich nicht gewählt hatte, war derjenige, den ich sprechen wollte, am Apparat.

Ich kann Ihnen sagen, wir waren beide perplex, wie gut die Gedankenwelt funktioniert. Oder haben Sie schon mal die Gedanken Ihres Partners mitbekommen, und zwar in einer Deutlichkeit, die durchaus erschreckend sein kann? Ich sah mal das Schild eines japanischen Restaurants ganz deutlich vor mir, weil mein Mann den Gedanken hatte, dass er unbedingt dahin essen gehen wollte. Achten Sie selbst einmal darauf, wie oft es Ihnen passiert, dass Sie schon im Voraus wissen, was der andere im nächsten Moment sagt.

Warum Glauben wichtig ist

Ich werde häufig gefragt, ob man an CQM glauben muss, damit es funktioniert. Ich kann dazu nur sagen, wir müssen an alles glauben, was wir erfolgreich tun möchten. Denn glauben bedeutet für mich, dass ich die innere Überzeugung habe, etwas tun und etwas erreichen zu können. Lesen Sie die Erfolgsgeschichte von Björn aus Dänemark, den ich im Urlaub kennengelernt habe.

Björn: Ich will fliegen

Das wusste Björn schon als kleiner Junge: Für ihn stand bereits mit drei Jahren fest: „Ich werde Pilot." Das war niedlich, als er klein war und die anderen Jungs noch Lokomotivführer oder Baggerfahrer werden wollten. Als Björn größer wurde und die anderen zu Bankkaufmann, Koch oder Ingenieur umschwenkten, war es peinlich. Und schien aussichtslos. In Skandinavien gibt es keine Fluggesellschaften, die Piloten ausbilden, man muss seine Karriere beim Militär beginnen. Und die hatten ein strenges Auswahlverfahren. Als er dann Pilot war und die erforderlichen Flugstunden zusam-

menhatte, war er einunddreißig Jahre alt. Zu alt für eine Bewerbung bei der skandinavischen Fluggesellschaft. „Ich habe das gar nicht als schlimm empfunden. Ich wusste, da muss sich was ergeben." Und so war es auch. Drei Monate vor seinem zweiunddreißigsten Geburtstag setzte SAS das Einstellungsalter von dreißig auf einunddreißig Jahre hoch, und Björn war dabei.

Was meinen Sie? Hätte er das erreicht mit Gedanken, wie ich möchte, ich könnte, möglicherweise, hoffentlich, vielleicht, eigentlich ..., und ähnlich unkonkretem Wirrwarr im Kopf? Der Wille ist eine wichtige Sache, aber der Glaube kann bekanntlich Berge versetzen. Gegen alle äußeren Widerstände. Stellen Sie sich vor, Sie fokussieren Ihre Gedanken, schalten sämtliche Zweifel aus, bündeln Ihre Kräfte; dann wirken sie wie ein Laserstrahl, der das Ziel trifft.
Manchmal ist es gut, seine Ziele nicht gegenüber anderen zu äußern. Sofern man selbst keine oder nur wenig Zweifel hat, könnte man diese von anderen übernehmen – es gibt fast immer missgünstige Kollegen, gutmeinende Bekannte oder besorgte Familienmitglieder. Denken Sie an das Beispiel von Sabine im vorherigen Kapitel, die sich ganz wohl dabei fühlte, als ihre Tochter auszog und die sich gegen das mitleidige Bedauern Ihrer Bekannten abgrenzen musste.

Schließen Sie die Möglichkeit von vorneherein aus, dass Ihre Korrekturen nicht klappen könnten. Setzen Sie die Korrektur und denken Sie nicht mehr daran, so als ob Sie irgendeine andere Arbeit erledigt hätten. Wenn Sie Ihr Bett überzogen haben, überlegen Sie oder gucken Sie ja auch nicht andauernd nach, ob das alles so richtig ist. Eine meiner Seminarteilnehmerinnen erzählte mir stolz folgende Geschichte.

Maria: Ich wasche, und zwar jetzt

Maria und ihr Mann bauten ihr Haus um, und dementsprechend gab es viel Dreck, ganz zu schweigen von den ständig schmutzigen Arbeitssachen. Und gerade in dieser Zeit gab die Waschmaschine ihren Geist auf. Es war nicht wirklich tragisch, denn Maria konnte die Wäsche zu ihrer Mutter fahren und bekam sie sauber wieder zurück. „Aber eines Tages stand ich vor den sortierten Wäschehaufen, und das Maß war definitiv voll." Sie ärgerte sich nicht, sie jammerte nicht, und sie zweifelte nicht. „Wenn man mit CQM ein kaputtes Kreuz korrigieren kann, dann wird das ja wohl auch mit der Waschmaschine gehen." (Maria hatte nach einem Unfall zwanzig Jahre lang Rückenschmerzen, die während des CQM I Seminars verschwanden). Sie packte den nächstbesten Stapel Wäsche, stopfte ihn in die Waschmaschine, stellte sie an und verschwendete keinen Gedanken mehr daran. Am Abend holte sie die sauber gewaschene und geschleuderte Wäsche aus der Maschine. Und die funktioniert bis heute.

Klingt unglaublich, aber ich versichere Ihnen, auch diese Geschichte ist wahr.
Maria hatte die Erfahrung gemacht, dass Korrekturen wirken. Das ist sehr wichtig für eine feste Überzeugung. Wer nicht überzeugt ist, dass es klappt – dass so etwas überhaupt funktionieren kann –, kann seine Zweifel viel schlechter ausschalten. Und dann sind wir wieder bei den Wischiwaschi-Gedanken, die ich oben erwähnt habe.

Sie müssen mir das jetzt nicht einfach so glauben. Lesen Sie doch mal am Ende dieses Kapitel nach, wie man die Wirkung von CQM sichtbar machen und beweisen kann.

Wer manipuliert wen?

„Kann man mit Korrekturen andere Menschen manipulieren“, ist eine Frage, die mir oft gestellt wird. Meine provokante Antwort darauf ist: „Das tun wir alle ständig und unentwegt.“ Ja, wirklich! Eine Korrektur ist nichts anderes als eine Absicht oder ein Gedanke. Wenn wir ihn herausschicken, können wir ihn nicht mehr einfangen, und er beeinflusst unser eigenes Energiefeld und das von anderen. Wie ich am Anfang des Kapitels bereits sagte, tauschen wir uns ständig mit allen anderen aus. Wir können gar nicht anders. Mit anderen Worten:

Wir manipulieren uns alle ständig gegenseitig.

Diesen Prozess könnte man auch als Leben bezeichnen.
Es ist durchaus sinnvoll, immer positive Gedanken zu haben, damit wir uns nicht negativ beeinflussen. Leider gibt es noch die siebenundneunzig Prozent an unbewussten Gedanken, die uns da einen Strich durch die Rechnung machen. Allerdings verändert das Bewusstsein über das Denken durchaus die Qualität der Gedanken. Viele Menschen, die sich der Macht der Gedanken bewusst sind, verlernen das Fluchen.

Die andere wichtige Frage ist, ob ich bei jemandem durch Gedanken gezielt Schwächen erzeugen und ihm damit schaden kann. Dies ist nahezu unmöglich, da jedes Feld anders ist und immer viele Schwächen – die individuell verschieden sind – erzeugt werden müssen. Mit anderen Worten: CQM und die Korrekturen kann man positiv einsetzen, umgekehrt ist das nicht so einfach möglich. Außerdem wäre derjenige automatisch nicht neutral, wenn er sich über jemanden ärgert oder ihn beneidet und ihm deswegen schaden will. Und dann funktionieren Korrekturen erfahrungsgemäß sehr schlecht oder gar nicht. Aus diesem Grund ist die Gefahr, jemandem durch Korrekturen zu schädigen, äußerst gering.

Gibt es Techniken, die CQM ähnlich sind?

Klar gibt es die; ob sie ähnlich leicht anzuwenden sind und ähnlich gut funktionieren, muss jeder selbst beurteilen.
Nehmen wir zum Beispiel das Meditieren. Bei vielen Meditationstechniken ist das Ziel, in die mentale Stille zu kommen. Aber haben Sie schon einmal probiert, keinen Gedanken im Kopf zu haben oder nur einen ganz speziellen? Gar nicht so einfach! Immer wieder sausen einem andere Gedanken durch den Kopf; meist die Gedanken, die uns beschäftigen, uns nicht loslassen und häufig auch Stress verursachen. Also die Dinge, auf denen energetische Schwächen liegen. Beim Meditieren werden diese Gedanken entweder beiseitegeschoben oder so lange betrachtet, bis sie verschwinden. Das Betrachten beim Meditieren entspricht der Korrektur bei CQM.
Aber: Mit CQM können wir die Schwächen – bezogen auf ein Symptom – gezielt herausfinden. Beim Meditieren ist das nur ein heilsamer „Nebeneffekt".

Was Sie noch über CQM wissen sollten

Keine Bange, ich will Sie nicht mit noch mehr Begriffen traktieren. Sie wissen jetzt alles, was Sie als Grundlage zum Thema Erfolg 2.0 verstehen sollten. Darüber hinaus gibt es allerdings noch einige Aspekte, die interessant sind. Viele Menschen wenden CQM an, um besser durchs Leben zu kommen. Ich

habe es teilweise schon erwähnt: in Beziehungen zum Partner, in der Familie, bei Freunden und Kollegen, beim Sport und in der Schule, im Haushalt, bei Ängsten und Entscheidungen und natürlich bei gesundheitlichen Beschwerden.
Die folgenden Absätze enthalten auch Informationen für diejenigen, die (noch) nicht so recht glauben können, dass unser Energiefeld das speichert, was uns ausmacht. Und dass sich mentale Korrekturen im Feld auch als Veränderungen in der materiellen Welt zeigen.
Das deckt sich übrigens mit den Forschungen der Quantenphysik, die davon ausgehen, dass Dinge Teilchen und Wellen zugleich sind, also sowohl Energie als auch Materie.

Gedächtnis und Körperform

Eine der offiziell ungelösten Fragen der Biologie und Medizin ist der Sitz unseres Gedächtnisses. Die meisten Menschen denken, dass der Sitz des Gedächtnisses das Gehirn sei. Dem ist definitiv nicht so, wie zahlreiche vielfältige Experimente gezeigt haben. Nach meiner Erfahrung befindet sich die Information eher in den Feldern um unseren Körper herum, ist also in unserem „Ei“ gespeichert. Zusätzlich gibt es noch Felder, die auch unsere Organe durchziehen.

Ein weiteres Rätsel der Biologie ist die Bildung unseres Körpers. Wir lernen zwar in der Schule, dass der gesamte Bauplan unseres Körpers in der DNA verschlüsselt und diese identische DNA in jeder Zelle abgespeichert ist. Allerdings wissen wir nicht, woher jede einzelne Zelle weiß, was ihre bestimmte Funktion am Ende ist. Ob sie besser Herz oder Hirn oder kleiner Zeh werden soll. Dies konnte bisher nicht geklärt

werden. Mittlerweile rudert die Wissenschaft in Sachen DNA-Allmacht auch schon wieder zurück. Man hat nämlich festgestellt, dass es gar nicht so viele Gene auf der DNA gibt, die das alles steuern könnten. Enttäuschend, aber wir Menschen haben nur wenig mehr Gene als eine Maus!
Wissen Sie, dass bei Amphibien Gliedmaßen nachwachsen? Verlieren Frösche oder Eidechsen ein Bein bzw. ihren Schwanz, wächst das entsprechende Körperteil einfach wieder nach. Vor rund siebzig Jahren sind einige Forscher der Frage nachgegangen, warum das bei Fröschen so ist, aber nicht bei uns Menschen. Und worauf sind die Wissenschaftler gestoßen? Genau: auf das Energiefeld! In den Experimenten, in denen sie das Energiefeld mit elektromagnetischen Mitteln manipuliert haben, beeinflusste das das Wachstum der Gliedmaßen. Interessant, finden Sie nicht auch? Legt das nicht die Vermutung nahe, dass zwar die DNA den Bauplan enthalten mag, dass es aber das Energiefeld ist, das steuert, welche Form der Körper annimmt? Und wenn das Energiefeld die eigentliche Blaupause für unseren Körper ist, dann ist es logisch, dass wir gesund werden, wenn wir das Feld positiv verändern.

CQM wirkt auch bei Tieren

Sie können CQM für Menschen, Tier und Pflanzen anwenden. Es ist erstaunlich, was CQM Anwender schon alles korrigiert haben.

Conny: Sabu ist wieder gesund

„Als eine Bekannte mich fragte, ob ich ihre Stute korrigieren könnte, reagierte ich erst mal, na ja, zurückhaltend. Ich wusste, dass

CQM funktioniert, aber bei einem Pferd hatte ich das noch nie gemacht." Sabu hatte eine Hufbeinabsenkung am linken Vorderbein. Dabei senkt sich der unterste Knochen im Huf in Richtung Hufsohle, und im schlimmsten Fall tritt er unten durch. Die Prognose für eine Heilung ist nicht gut, höchstens vorsichtig einzuschätzen. Conny korrigierte alles, was der Grund für diese Absenkung sein konnte. Außerdem fiel ihr auf, dass Sabu und die zwei anderen Pferde immer um die Rangordnung kämpften. „Sabu wollte immer die Erste sein, beim Fressen, beim Trinken oder wenn ihre Halterin kam." Conny korrigierte auch dieses Verhalten. Und nach drei Wochen war Sabu gesund. Mit offizieller Bestätigung einer tierärztlichen Kapazität auf dem Gebiet Hufbeinabsenkung.

Viele Tierheilpraktiker wenden CQM sehr erfolgreich an. Allerdings haben dann einige das Problem, dass die Halter nicht zahlen wollen, da er „ja nichts gemacht" hat.

Einige Belege für die Wirkung von CQM

Einen anerkannten wissenschaftlichen Beweis zu erbringen, ist immer schwierig, da wir nicht die Regeln vorgeben, was als Beweis zählt. Ein Kriterium ist zum Beispiel die exakte Wiederholbarkeit des Experiments. Aber das ist schwerlich möglich, da wir es mit sich ständig verändernden Feldern zu tun haben. Und wie sollen wir beweisen, dass Gedanken oder gar das Bewusstsein die Ursache für Heilungen oder Erfolge sind, da auch die Wissenschaft kaum erklären kann, was Gedanken, geschweige denn Bewusstsein, überhaupt sind. Sie können vielleicht jetzt schon verstehen, warum ich mich nicht auf das wissenschaftliche Glatteis begeben will. Aber wir haben natürlich einige Experimente durchgeführt, die Ihnen hoffentlich ein Gefühl dafür geben, dass CQM wirkt.

1. Anlegen und Auswerten einer CQM Fallsammlung

   Im Jahr 2007 wurde auf Initiative des Deutschen Quantum Vereins e.V., DQV e.V., eine Fallsammlung erhoben. Hierbei wirkten CQM Anwender aus dem medizinischen Bereich, wie Ärzte, Heilpraktiker und Therapeuten, mit und haben Fälle aus ihrer Praxis systematisch anhand eines Fragebogens aufgezeichnet und ausgewertet.
   Die anonymisierten Beispiele wurden anschließend statistisch ausgewertet.
   Diese Fallsammlung umfasste die unterschiedlichsten Symptome und Krankheitsbilder. Die Symptome bestanden zwischen zwei Monaten und zehn Jahren. Das Alter der Patienten umfasste eine Spanne zwischen zwei und achtzig Jahren, mit einer gleichmäßigen Verteilung.

Diese Sammlung kann aufgrund des breiten Spektrums von behandelten Symptomen, wegen des relativ kurzen Zeitraums und der geringen Anzahl von Fällen keine Aussage über die Eignung von CQM für spezielle Krankheiten oder Symptome treffen. Doch sind die Ergebnisse trotz der geringen Datenmenge erstaunlich. Sie wurden auf dem CQM Symposium 2007 in Heidelberg vorgetragen. Die wesentlichen Ergebnisse, die im Vortrag dargelegt wurden, lauten:

a. CQM bewährt sich bei einer Vielzahl körperlicher Symptome.
b. CQM hilft bei akuten Symptomen, ebenso bei über Jahre andauernden chronischen Symptomen.
c. Bei siebenundachtzig Prozent der Fälle waren ein bis drei CQM Termine ausreichend, um eine wesentliche Verbesserung oder das gänzliche Verschwinden der Symptome zu bewirken.
d. Bei neunzig Prozent der Fälle wurden die Ergebnisse innerhalb von Tagen bis zu maximal zwei Monaten erzielt.
e. Bei achtundfünfzig Prozent der Fälle wurde ausschließlich CQM eingesetzt ohne jegliche begleitende Behandlungen.
f. Bei vierundsiebzig Prozent der Probanden waren die Beschwerden auch nach Monaten noch völlig verschwunden. Bei neun Prozent der Fälle waren sie noch schwach spürbar. Über die restlichen Fälle liegen keine Langzeitdaten vor.

2. Kirlianfotografie

Bei der Kirlianfotografie handelt es sich um ein fotografisches Verfahren, um die Energiefelder der Hand sichtbar zu machen. Diese Aufnahmen wurden dann für Diagnosezwecke genutzt.

Die erste technische Untersuchung der CQM Methode erfolgte durch eine Heilpraktikerin im Selbstversuch. Im speziellen Fall hatte die Probandin ein langjähriges Stoffwechselproblem, das sie bisher nicht lösen konnte. Nachdem sie CQM kennengelernt hatte, war sie neugierig, ob sie damit erfolgreich sein konnte. Gleichzeitig wollte sie wissen, ob sich die Wirkung direkt im Energiefeld ihrer Hand widerspiegelte. Also machte sie vor den ersten CQM Korrekturen eine Kirlianaufnahme. Ihr Coach korrigierte nur in einer einzigen Sitzung. Danach wurden mehrere Kirlianaufnahmen gemacht, und zwar im zeitlich Abstand von einer Minute, drei Stunden, sechs Stunden, drei Tagen, sechs Tagen und neun Tagen. Gleich die erste Aufnahme nach den Korrekturen zeigte erhebliche Verbesserungen im Energiefeld der Hand, und die Symptome der Klientin ließen nach. Diese Veränderungen verstärkten sich noch, wie die darauffolgenden Kontrollaufnahmen bewiesen. Die Patientin hatte das Gefühl, dass die Korrekturen einen Prozess angestoßen hätten, der dann von selbst weiterlief und zur vollständigen Lösung des Stoffwechselproblems führte. Diese Erfahrung mit der Kirlianfotografie ist zwar kein wissenschaftlicher Beweis, da die Messmethodik nicht anerkannt ist, trotzdem gab sie uns einen Hinweis darauf, dass die Effekte von CQM durchaus eine reale messbare Basis haben.

3. Herzfrequenzvariabilität und Meridiandiagnostik

Die Ergebnisse der Kirlianfotografie sind zwar beeindruckend, aber leider nur ein Einzelfall, und wir haben keine Vergleichsmöglichkeit. Größere Messreihen mit mehr Probanden und standardisiertem Messgerät erhöhen die Aussagekraft eines Experiments erheblich. Hierzu ergab sich im März 2007 die Gelegenheit, noch dazu mit einem unabhängigen Versuchsleiter.

Bei der Herzfrequenzvariabilität handelt es sich um ein Verfahren, das in der klinischen Medizin Verwendung findet. Dadurch wird die Anpassungsfähigkeit und damit der Gesundheitszustand des Herzens gemessen. Je höher die Variabilität, also die Anpassungsfähigkeit des Herzens, ist, desto gesünder ist der Mensch. Wenn sich das Herz und der Kreislauf nicht mehr der Belastung anpassen können, ist die Gefahr eines Kreislauf- oder Herzversagens sehr hoch. In den USA gilt die Messung der Herzfrequenzvariabilität als Goldstandard der Kardiologen.

Bei der Meridiandiagnostik handelt es sich um ein alternativmedizinisches Verfahren. Man misst insgesamt vierundzwanzig Meridianpunkte mithilfe der Elektroakupunktur und wertet sie aus. Das Ergebnis ist ein Maß für den Gesundheitszustand des Menschen.

An dem Experiment nahmen neben dem Experimentator noch zwei erfahrene Heilpraktikerinnen teil, die CQM in ihrer Praxis einsetzten; außerdem zwanzig Probanden, die sich freiwillig zur Verfügung stellten und

bisher keine Erfahrung mit CQM hatten. Alle Probanden waren zwischen dreiundzwanzig und zweiundsiebzig Jahren alt. Der Altersdurchschnitt lag bei sechsundvierzig Jahren. Sie hatten zum Teil schwerwiegende körperliche Beschwerden und standen uns maximal drei Stunden zur Verfügung. Die Probanden wurden direkt vor und nach der CQM Sitzung sowohl mit der Herzvariabilität als auch der Meridiandiagnostik gemessen und die Ergebnisse ausgewertet.
Die Untersuchung belegte eine positive Wirkung von CQM. 73,7 Prozent der Versuchsteilnehmer zeigten signifikant positive Veränderungen bei der Herzfrequenzvariabilität und 57,9 Prozent bei der Meridiandiagnostik. Für einen so kurzen Zeitraum bestätigte der Versuchsleiter ein außergewöhnliches Ergebnis.

Abgesehen von den Messergebnissen hatte sich der körperliche Zustand aus Sicht der Probanden erheblich verbessert.

4. Messungen mit der Photonenkamera

Die Ergebnisse mit der Meridiandiagnostik und der Herzvariabilität gaben uns ein gutes Gefühl für die objektive Wirkung für CQM. Aber trotzdem waren das immer noch recht abstrakte Messungen, bei denen elektrische Werte gemessen wurden. Ein Verfahren, bei dem die Wirkung von Korrekturen oder unserer Gedanken direkt zu sehen ist, erschien uns sehr viel anschaulicher und überzeugender. Ein solches Verfahren lernten wir im Jahr 2009 kennen.

Dabei handelt es sich um die sogenannte Photonenkamera. Mit dieser speziellen digitalen Kamera kann man die feinstofflichen Energiefelder in unserem Körper und um ihn herum sichtbar machen. Diese Technologie wird unter anderem dazu benutzt, um Diagnosen im alternativmedizinischen Bereich zu stellen. Mit ihr sind zwei wichtige Dinge möglich:

- Zum einen kann man sehr weit zurückliegende Krankheiten und Störungen, wie zum Beispiel Knochenbrüche und Narben, noch nach Jahren erkennen.
- Und man kann im Energiefeld Krankheiten frühzeitig diagnostizieren, die sich noch nicht im Körper manifestiert haben. Das ist fantastisch, weil man sofort gegensteuern und so körperliche Symptome vermeiden kann.

In unserem Fall nutzten wir die Technologie, um Veränderungen durch die Anwendung von CQM direkt im Energiefeld sichtbar werden zu lassen.
Vor dem eigentlichen Projekt testeten wir die Technologie persönlich. Hierzu verwendeten wir mentale Aufgaben, die dem Probanden und dem Experimentator zuvor nicht bekannt waren. Diese Aufgaben waren in verschlossenen Umschlägen verpackt, die erst direkt vor der Ausführung geöffnet wurden. Die Aufgaben lauteten:

a. Verbinde dich mental mit der Erde.
b. Führe die Herzatmung durch.
c. Denke den Gedanken: ‚Du bist der beste Mensch.'

Bei jeder dieser Aufgaben zeichnete die Photonenkamera ein signifikant anderes Bild auf. Bei der mentalen Erdung zeichnete sie ein Feld um die Füße auf, was vorher nicht existent war. Bei der Herzatmung stieg die Photonenaktivität im Brustkorb in Höhe des Herzens, und bei dem Gedanken ‚Du bist der beste Mensch' veränderte sich die Aura signifikant. Wohlgemerkt: Der Experimentator kannte vorher keine einzige der Aufgabenstellungen. Nach diesem Experiment konnte ich mir ziemlich sicher sein, dass die Ergebnisse der Photonenkamera nicht rein zufällig waren, sondern tatsächlich eine Reaktion auf meine Gedanken visualisierten.

Das Experiment selbst wurde mit neun erfahrenen CQM Anwendern und sechs Probanden durchgeführt. Keiner der Probanden hatte vorherige Erfahrungen mit CQM. Alle hatten körperliche Beschwerden, die zum Teil langjährig und chronisch waren. Mit allen Probanden wurde kurz vor der Sitzung eine Aufnahme mit der Photonenkamera gemacht. In diesen Aufnahmen war der Gesundheits- bzw Krankheitszustand zum Teil deutlich sichtbar.

Nach der Aufnahme korrigierten sechs bzw. neun CQM Anwender gemeinsam. Teilweise waren die Probanden in einem anderen Raum, sodass keine direkte Kommunikation stattfand. Die Probanden wussten auch nicht, was im Detail korrigiert wurde und wie CQM generell funktioniert.

Direkt nach der Sitzung erstellten wir erneut Aufnahmen mit der Photonenkamera, die wir mit den Aufnahmen zuvor verglichen. Die Bilder zeigten eine signifikante Verbesserung im Energiefeld der Probanden. Darüber hinaus verbesserten oder verschwanden die Symptome dauerhaft.
Im Rahmen dieses Experiments ließen sich auch einige langjährige CQM Anwender mit der Photonenkamera fotografieren. Es zeigte sich, dass deren Energiefelder viel geordneter und klarer waren. Dies ist auch ein Hinweis darauf, dass Korrekturen „reinigend" auf das Energiefeld wirken.
Zusammenfassend möchte ich noch aus der Zusammenfassung des Forschungsberichts zitieren:

„Durch die Anwendung der Chinesischen Quantum Methode, ausgeführt von den Practitionern, die zum Test zur Verfügung gestanden haben, können nachweislich das Energiefeld des Menschen sowie energetische Blockaden, Störungen etc. positiv beeinflusst werden. Die Qualität der Chinesischen Quantum Methode hat im Vergleich erfolgreich gezeigt, dass Blockaden und Störfelder, sowie energetische Defizite bei den Probanden ausgeglichen wurden. Die verstärkten Photonenaktivitäten weisen darauf hin, dass CQM, die Chinesische Quantum Methode, eine starke Wirksamkeit auf das Energiefeld des Menschen ausübt. Die Veränderungen des Energiefeldes durch CQM ist für uns in der Zusammenarbeit sehr beeindruckend gewesen und wir haben Vergleichbares in dieser Form bis jetzt an Qualität und Effizienz im Energiefeld des Systems noch nicht feststellen können."

Eine DVD mit einem Vortrag über dieses Forschungsprojekt und den entsprechenden Photonenkamerabildern ist bei HyperVoyager erhältlich.

5. Disclaimer

Diese Experimente sind zwar kein wissenschaftlicher Beweis dafür, dass CQM so wirkt, wie wir uns das erklären. Es könnte vielleicht ganz anders sein. Aber es belegt zumindest, dass die beobachtbare Wirkung keine Einbildung ist, sondern dass Korrekturen definitiv etwas bewirken. Und das ist das Wichtigste für uns!
Und wie sagte doch Paracelsus vor rund fünfhundert Jahren: „Wer heilt, hat recht."

5

Tod den Erfolgsbremsen

Zurück zu meiner Gesprächsrunde im Burgrestaurant. Es war zwischenzeitlich schon nach Mitternacht. Beatrice und Gerlinde waren gegangen, doch keiner der anderen Anwesenden wollte nach Hause.

„Ihr habt über eure Erfolgsgeheimnisse geredet“, meinte ich. „Letztendlich läuft es darauf hinaus, sich selbst bewusst zu sein. Zu wissen, wer ich bin. Zu wissen, was ich will. Zu wissen, wozu ich hier bin. Das scheinen die maßgeblichen Faktoren zu sein, um sich erfolgreich zu fühlen.“ Die anderen nickten nachdenklich. „Sollte eigentlich gar nicht so schwierig sein, diese Fragen zu beantworten, und dann stünde dem Erfolg nichts mehr im Weg“, fuhr ich fort. „Was glaubt ihr, sind die größten Erfolgsbremsen, die viele Menschen davon abhalten, sich erfolgreich und glücklich zu fühlen?“, fragte ich meine interessierten Zuhörer.

Rolands Erfolgsbremse: sich mit anderen vergleichen

Roland wurde einen Moment sehr ernst, dann hellte sich seine Miene zu einem breiten Grinsen auf. „Als ich das Angebot für die Führungsposition erhalten habe, habe ich mich zuerst sehr gefreut und fühlte mich gebauchpinselt. Auf dem Nachhauseweg bin ich durch den Stadtwald gegangen, um die ganze Sache zu durchdenken. An diesem Tag habe ich nochmals eine Extrarunde durch den Wald gedreht.“ Und je länger er ging, desto unzufriedener wurde er mit der Aussicht, Bereichsleiter in dieser Abteilung zu werden. „Ich fing an, alle Qualitäten zu betrachten, die die neue

Position in mein Leben gebracht hätte. Oder besser gesagt, die ich mit der neuen Position in Verbindung gebracht habe: Vorbild sein für andere, verantwortlich gemacht werden für die Arbeit der anderen, besser sein müssen, andere überholen, auf die Zustimmung der anderen angewiesen sein, anderen Anweisungen geben müssen, Angst vor weniger Freizeit etc."
Roland nahm einen tiefen Atemzug und fuhr fort: „Es kristallisierte sich immer mehr heraus, dass mein anfängliches Gefühl von Gebauchpinseltsein von meinem unbewussten Zwang herrührte, gut dastehen zu wollen, gut aussehen zu wollen. Gut dastehen vor meinen Kollegen, meinen Freunden, gut dastehen vor meiner Familie, gut dastehen vor meiner Frau. Dass ich meine große Freude bei der Arbeit aus meiner Kreativität in der Realisierung meiner Projekte schöpfe, habe ich fast vergessen."

Um ein Haar wäre Roland doch noch auf die Managementkarriere aufgesprungen, um den Erwartungen der Kollegen und der Familie zu entsprechen. Schließlich ist Rolands bester Studienfreund seit zehn Jahren in der Geschäftsführung seines Unternehmens. Auch der Druck seiner Familie war groß. „Doch damit hätte ich meine Energie und meine Zeit in etwas gesteckt, an dem ich gar keine Freude gehabt hätte."

Roland korrigierte dann alle möglichen Konzepte zum Thema: sich mit anderen vergleichen, besser sein als andere, schlechter sein als andere, mehr Geld haben, weniger Geld haben, Ansehen haben, im Zentrum der Aufmerksamkeit stehen, in der Menge untergehen, Verantwortung übernehmen, Verantwortung den anderen überlassen, es allen recht machen wollen, es mir recht machen, tun, was ich will, tun, was andere wollen, tun, was ich glaube, was andere wollen, sich selber bestimmen, sich selber bestätigen, von anderen bestätigt werden, und noch einiges mehr.

„Nachdem ich einige Tage auf dem Hin- und Rückweg von der Arbeit korrigiert habe – und ich habe oft eine Ehrenrunde im Stadtwald gedreht –, hat sich in mir eine innere Sicherheit ausgebreitet, dass nur ich allein für mich und mein Handeln verantwortlich bin. Dass ich mir selbst in die Augen sehen kann und sagen, ja, das bin ich. Es war so ein befreiendes Glücksgefühl, ganz klar zu erleben, was mich selbst befriedigt. Und nicht durch diese unbewussten Muster, die mit energetischer Ladung versehen waren, verführt und geleitet zu werden. Und diese innere Sicherheit und Selbstbestätigung erlebe ich heute nicht nur bei der Arbeit. Zum Beispiel hat sich mein Spiel auf dem Tennisplatz dramatisch verändert. Dieser innere unbewusste Druck, vor den anderen gut dazustehen, hat sich vollkommen in Luft aufgelöst. Das Spielen macht heute immensen Spaß, auch wenn ich nicht gewinne." Und damit grinste er ganz breit in die Runde, hob sein Bierglas und prostete allen zu.

Bevor sich Roland mit seinem Stellenangebot beschäftigte, war ihm nicht bewusst, wie sehr das Konzept „gut dastehen wollen" und „sich mit anderen vergleichen" sein Leben dirigierte. Er meinte, er habe keine bewussten Gedanken darauf gerichtet, doch durch das Angebot wurden ihm die unbewussten mentalen Muster bewusst, und er konnte sie neutralisieren.

Bei Rolands Schilderungen kam mir sofort eine Szene aus meinem Leben in den Sinn, als sich die Muster „gut dastehen wollen" und „sich mit anderen vergleichen" mitsamt den darauf liegenden energetischen Schwächen auch bei mir in den Vordergrund drängten. Und es blieb nicht bei einer einzigen Szene.

Hier ein kleiner Auszug davon:

- Ein Trainerkollege erzählte mir, dass er seine Bücher (er hat ein gutes Dutzend veröffentlicht) immer innerhalb einer Woche schreibt. Als ich nach zwei Wochen mit diesem Buch noch nicht fertig war, ertappte ich mich dabei, dass ich dachte: ‚Bücher schreiben kann man nicht in einer Woche; da betrügt man ja den Leser; ich muss doch mein ganzes Herzblut reintun, damit der Leser etwas davon hat.'
- Und so weiter: ‚Der Kollege kann das viel besser als ich; ich bin zu langsam; was sagt wohl mein Mann dazu, wenn ich so und so schreibe?' Und schon flitzten tausend weitere Gedanken in meinem Kopf hin und her, was mein Mann wohl sagen würde.
- Und so fort: ‚Habe ich die richtigen Beispiele gewählt, ist das verständlich, was ich schreibe? Vielleicht sollte ich die Gliederung anders machen?', und ich war total uneins mit mir selbst.

Diese Gedanken führten dazu, dass ich erst einmal ins Schwimmbad ging. Wenn auf diesem Gedankenmuster energetische Ladung liegt, spielen sich die Gedanken ständig wie ungezogene Kinder auf und behindern unser Tun. Alle diese plötzlich auftauchenden Gedankenmonster wirken mit voller Macht. Die schnellste Möglichkeit, ihnen die Macht zu entziehen, ist die Aufmerksamkeit auf diese „geladenen Gedanken" zu richten und den schwächenden Einfluss durch energetische Korrekturen zu neutralisieren.

Unbewusste Gedankenmuster beeinflussen unsere Werte

Und das sehr trickreich, wie folgendes Beispiel aus der CQM Coachingpraxis verdeutlicht.

Markus: Ich will kein „Führer“ sein

Markus‘ berufliche Laufbahn lief wie am Schnürchen. Ein „Erfolg“ jagte den nächsten. Nach dem Maschinenbaustudium arbeitete er in der Entwicklungsabteilung eines Automobilzulieferers. „Ich fiel durch gute Einfälle und präzise Arbeit auf. Das führte dazu, dass ich innerhalb von nur wenigen Jahren die Karriereleiter ziemlich schnell hochkletterte.“ Erst Bereichsleiter, dann Abteilungsleiter, bis er schließlich Chef aller Entwicklungsabteilungen wurde – also Mitglied der obersten Führungsebene. Doch kaum war er oberster Entwicklungschef, war es, als hätte man die Luft aus ihm herausgelassen. „Ich kam morgens nicht aus dem Bett. Plötzlich litt ich unter Atemnot, obwohl ich sportlich und gut durchtrainiert war. Es war furchtbar, ich schleppte mich nur noch so dahin.“ Eine ärztliche Untersuchung brachte keine Ergebnisse. Körperlich sei alles okay, sagte man ihm. Markus war gereizt und übertrug seine Gereiztheit auf seine Mitarbeiter. „Ich wusste überhaupt nicht, was los war, schließlich war ich an meinem Ziel angekommen, ich war endlich oberster Entwicklungschef.“

Also gingen wir auf die Suche nach den unbewussten Faktoren, die Markus das Leben schwermachten.
Bei dem Stichwort „oberste Führungsposition einnehmen“ klappte Markus‘ Körper sichtlich zusammen. Es stellte sich heraus, dass dieses Stichwort mit sehr viel emotionaler

Ladung belegt war. Markus erzählte auch sofort die Geschichte dazu. Er war als Kind häufig bei seinen Großeltern, da seine Eltern beide berufstätig waren. Sein Großvater war im Zweiten Weltkrieg mit der Armee in Russland gewesen, und das hatte ihn sehr geprägt. Markus bekam die Kriegsgeschichten und die Bewunderung für die Generäle und obersten Führer zum Mittagessen und zum Abendessen serviert. Es hing ihm zum Hals heraus, denn es war das einzige Thema, das seinen Großvater interessierte. Immer wieder hörte er Sätze wie: "Was wohl meine Generäle dazu gesagt hätten?" oder „Das wäre von unseren Führern damals nicht geduldet worden". Und Markus hasste das. Markus' Referenz zum Konzept „oberster Führer sein" war also immer mit Tadel und Kritik verbunden.

Als er selbst „oberster Führer" der Entwicklungsabteilung in seiner Firma geworden war, wurden alle unbewussten energetischen Muster, die aus seiner Kindheit stammten, angeregt und nahmen ihm – im wahrsten Sinne des Wortes – die Luft zum Atmen. Nachdem alle Konzepte und Emotionen rund um „oberster Führer sein" korrigiert waren, hatte Markus keine körperlichen Probleme mehr und konnte seine Führungsaufgabe mit Elan und seiner gewohnten Kompetenz erfüllen.

„So weit wäre ich nie gekommen", meinte Cordula lachend, als ich von Markus erzählte.

Cordulas Erfolgsbremse: im eigenen Sumpf gefangen

„Ich war die personifizierte Unsicherheit. Ich hatte mir sozusagen ein richtiges Unsicherheitsimperium aufgebaut und war die Königin darin. Da kam niemand rein, und ich konnte nicht über die Grenzen dieses Imperiums hinaussehen." Dieser unbewusste Gedanke: ‚Ich bin dann mal unsicher', hatte Cordulas ganzes Leben, ihr Handel, ihr Fühlen, ihre Kommunikation mit sich selbst und vor allem mit anderen dominiert. „Ich habe mich richtig sicher gefühlt, wenn ich mich in die Unsicherheit flüchten konnte. Ich war sozusagen ständig auf der Flucht vor der eigenen Klarheit, vor der eigenen Meinung, vor meinen Entscheidungen." Sie war am Rotieren, sobald jemand etwas von ihr wollte, eine Antwort auf eine Frage, eine Meinung oder eine Erledigung. „Das hat mir total den Blick darauf versperrt, dass auch andere Gefühle haben, meine Hilfe schätzen, mich mögen. Ich war ständig in verteidigender Flucht vor mir selber und vor anderen."

Als Kind war Cordula sehr sensibel. Sie selbst wusste das nicht mehr, aber ihre Oma hat oft erzählt, dass das Kind im Garten mit den Erdgeistern gespielt habe. Cordula habe sie alle beim Namen genannt.

Cordulas Eltern trennten sich, als sie vier war, und Mutter und Kind zogen in das Haus der Großeltern. „Für meine Mutter war das ein Albtraum. Sie war sehr verbittert, weil mein Vater uns sitzengelassen hatte. Mir gegenüber hat sie darüber nie ein Wort verloren, doch ich konnte ihren Zorn, ihre Bitterkeit, ihren Frust fast mit Händen greifen und spüren. Cordula wollte ihre Mutter trösten, doch die wehrte jeden Versuch ab und sagte, alles sei gut. „Doch wie konnte das sein? Ich spürte ihre negativen Gefühle, und sie sagte, alles sei gut. Das hat mich komplett verwirrt; ich wankte zwischen meiner Intuition und den Aussagen meiner Mutter hin und her.“ Damals hat sich bei Cordula die Idee verfestigt, andere haben kein Gefühl, und auf ihr eigenes Gefühl kann sie sich nicht verlassen. Und nicht nur das: Das Durcheinander wurde ja durch den Weggang eines Mannes, des Vaters, verursacht, also glaubte sie, „Männer machen alles falsch“.

Cordula nahm einen Schluck aus ihrem Weinglas. „Glaubt ja nicht, dass mir diese Geschichte von Anfang an so klar war, wie ich sie jetzt erzählt habe. Als ich angefangen habe, im Energiefeld aufzuräumen, also zu korrigieren, bin ich auf Hunderte von schwächenden Mustern gestoßen, die zu meiner Unsicherheit beigetragen haben. Plötzlich konnte ich mich wieder an die Cordula im Seminar erinnern. „Ach, du bist das?“, entfuhr es mir. Damals war sie ein verhuschtes Frauchen gewesen, das sich kaum traute, etwas vom Essensbüfett auf ihren Teller zu packen. Cordula lächelte:
„Ja, ich war das. Zuerst korrigierte ich die vielen unbewussten Gedanken, die alle mit der Bewertung von mir selbst und anderen zu tun hatten: Frauen sind gefühllos, Frauen spielen etwas vor, Frauen müssen sich zurückhalten, Frauen müssen alles machen, Frauen sind verantwortlich – ‚Frauen müssen‘ in allen Varianten. Und dann natürlich auch: Männer hauen ab, Männer sind zu nichts nütze, Männer machen Stress, Männer sind Stress, Männern kann man nicht trauen, Männern kann man nichts recht machen, mich mag ja eh keiner, mich will niemand, ich bin lästig mit meinen Gefühlen, ich bin lästig, wenn ich was will ...

Außerdem korrigierte ich unzählige Gedanken zum Thema „Fühlen und Spüren“: sich selbst spüren, sich auf das Gefühl verlassen, dem eigenen Gefühl trauen, sich auf sich selbst verlassen, es ist gut, sich zu spüren, Spüren macht Spaß, Fühlen macht Spaß, mit anderen über das Gefühl reden, über Gefühle reden dürfen, sich erlauben, über Gefühle zu reden etc. Als ich dann angefangen habe, Korrekturen bezüglich der Gefühle anderer durchzuführen, wurde mir mit der Zeit klar, dass andere eventuell auch Gefühle haben. Ich dachte immer, nur ich fühle etwas. Hatte doch meine Mutter immer gesagt, nein, sie fühle nichts, ich bilde mir nur ein, dass sie traurig oder böse sei.
Je mehr ich bei mir rund um das Thema Fühlen korrigierte, desto mehr nahm ich wahr, dass mein Mann alles tat, um mir seine Liebe begreiflich und erfühlbar zu machen.
Es war eine sehr verwirrende Zeit für mich. Je mehr ich korrigierte, desto mehr nahm ich die anderen Menschen und deren Gefühle wieder wahr. Vorsichtig fing ich an, mit meinem Mann und meinen Kindern über meine eigenen Wahrnehmungen und Gefühle zu reden. Zu meinem großen Erstaunen bestätigten sowohl mein Mann als auch meine Kinder mich darin, meinen Wahrnehmungen zu trauen. Und so geschah mein kleines Wunder: Mein Verhalten gegenüber meinem Mann änderte sich. Auf einmal hatte ich lauter bunte Ideen im Kopf, wie ich mit ihm noch mehr Spaß haben könnte. Mein innerer Drang, an ihm herumzunörgeln, war wie weggeblasen. Es war wirklich wunderbar.“

Zwischenzeitlich war die Bedienung mit der nächsten Getränkerunde zurückgekehrt und konnte gar nicht anders, als Cordulas leuchtende, ein bisschen feuchte Augen zu bemerken.

„Was immer ihr nehmt oder macht, das will ich auch“, sagte sie. Alle lachten, und Roland zog eine Visitenkarte aus der Tasche, die er ihr überreichte. „Rufen Sie mich an, dann können Sie das auch haben“, schmunzelte er. Und Heidi meinte lachend: „Schon wieder jemanden mit unseren Gedanken infiziert.“ Sie halten den Ausspruch mit der Ansteckung für übertrieben? Aber ganz und gar nicht.

Gedanken von anderen beeinflussen unbewusst unser Gefühl

Nicht nur die eigenen Gedanken beeinflussen unser Gefühl, sondern auch die Gedanken von anderen Menschen. Aber leider haben wir nie gelernt, darauf zu achten, wie sich die Gedanken anderer bei uns anfühlen. Und deshalb wissen wir meist auch nicht, wie wir nach den Ursachen eines Alltagsproblems forschen können.

Im Alltag kann es sehr nützlich sein, seine Wahrnehmung auf die unbewussten Einflüsse zu lenken, die von anderen Menschen auf unser Energiefeld einwirken. Das kann uns frühzeitig auf die Spuren von unseren Erfolgsverhinderern führen, sodass wir diesen nicht unbewusst und unwissend ausgeliefert sind.

Hier ein Beispiel, bei dem der Körper alle Alarmlichter auf Rot geschaltet hatte. Meine Studienkollegin Heidi wusste zum Zeitpunkt des beschriebenen Ereignisses nichts von gedanklichen Einflüssen, die sich ihrem Bewusstsein entziehen, die ihr Körper jedoch verarbeitet hat. Sie hat mir diese Geschichte erst erzählt, als alles bereits gelaufen war.

Heidis Erfolgsbremse: die Gedanken ihres Mitarbeiters

Heidi war Abteilungsleiterin in einem großen Medienproduktionshaus. Eines Tages saß sie mit ihren beiden Mitarbeitern Roy und Paula bei einem Kunden, um ein neues Projekt zu besprechen. Sie erinnerte sich: „Es ging um einen Auftrag in Höhe von fünfhunderttausend Euro. Doch ich hatte meine Mitarbeiter gut ausgebildet, um effektive Gespräche zu führen, die richtigen Fragen zu stellen, alles zu protokollieren und das Gespräch immer wieder in die richtige Richtung zu lenken. Alles lief wie geschmiert an diesem Morgen."

Bis mit Heidi seltsame Veränderungen vorgingen. Ihr wurde plötzlich heiß, ihre Nase verstopfte, ihr Hals schnürte sich immer mehr zusammen, das ganze Gesicht schwoll zu, und es wurde ihr schwarz vor Augen. Resigniert dachte Heidi: ‚Eine gewaltige Grippe ist im Anmarsch.'

Nach einer Stunde konnte sie gar nicht mehr reden oder denken und gab auf. Mit belegter Stimme entschuldigte sie sich beim Kunden und bei ihren beiden Mitarbeitern und verließ das Firmengelände. Kaum hatte sie sich zweihundert Meter entfernt, waren alle Symptome von einer Sekunde zur anderen wie weggeblasen. Heidi konnte es nicht fassen. ‚Ich kann doch jetzt nicht zurückgehen!' Mit schlechtem Gewissen, doch körperlich wieder fit, fuhr sie nach Hause und war am nächsten Morgen wie immer in der Firma.

Hätte Heidi in Betracht gezogen, dass ihre Nase, ihr Hals, ihr gesamter Körper auf einen energetischen Einfluss eines anderen reagiert hatte, wäre sie nicht mit schlechtem Gewissen nach Hause gefahren. Sie hätte sofort in den Raum und in die Menschengruppe hineinspüren können. Sie hätte die Verbindung des Raumes zu ihr selbst, zu den Möbelstücken,

zur Wandfarbe, zum Boden etc. auf schwächende Einflüsse geprüft. Sie hätte hingespürt, ob das Thema des Gesprächs, die Beteiligten oder ihre unbewusste Einstellung zum Kunden ihre Körperreaktionen ausgelöst hatten. Sie hätte sofort alle schwächenden Einflüsse neutralisieren können – und sie hätte dabei herausgefunden, dass ihr Mitarbeiter Roy an ihrem Stuhl sägte.
Erst drei Monate später wurde ihr klar, was der Auslöser des grippeähnlichen Anfalls war. Roy, der mit beim Kundengespräch war, hatte zu diesem Zeitpunkt eine Verleumdungskampagne hinter ihrem Rücken gestartet und versuchte, ihr die Position als Abteilungsleiterin streitig zu machen. Nach weiteren drei Monaten gelang ihm das, und Heidi verließ die Firma. Heidi wusste nichts von der Verleumdung, doch ihr Körper hatte bereits bei diesem Kundengespräch darauf reagiert.

Doch lassen Sie uns zurückkehren zu der abendlichen Gesprächsrunde in der Burgschenke. „Oh“, entfuhr es Ricarda. „Da hab ich ja richtig Glück gehabt. Mich hat meine Großmutter beeinflusst, allerdings sehr positiv.“

Ricardas Erfolgsbremse: keine Idee, wie es anders sein könnte

„Mein vierzigster Geburtstag war ein Wendepunkt in meinem Leben. Meine Großmutter war sechsundachtzig geworden. Sie stammte ursprünglich aus Stuttgart und war als junge Frau mit meinem Großvater nach Norddeutschland gezogen. Als sie mir gratulierte, sagte sie: ‚Jetzt wirst du also auch gescheit. Bei uns zu Hause sagte man immer: Mit vierzig wird der Schwabe g’scheit, die ander’n nicht in Ewigkeit.‘ Natürlich widersprach ich ihr, dass

ich ja kein Schwabe sei, doch es ließ mir keine Ruhe." Ricarda fing an, darüber nachzudenken, wie ihr bisheriges Leben verlaufen war. Und stellte fest, dass sie immer nur das getan hatte, was andere von ihr erwarteten. „Nicht dass es mir dabei schlecht gegangen wäre, doch ich hatte eigentlich nie Zeit gehabt, darüber nachzudenken, was ICH will." Sie fand heraus, dass das nur eine Ausrede war. In Wirklichkeit hatte sie nicht den Mut, darüber nachzudenken, was sie eigentlich wollte. Denn das hätte ja unter Umständen erfordert, dass sie etwas verändern müsste.
„Ich sprach mit einer Freundin bei unserem Stammitaliener darüber. Sie kramte in ihrer Handtasche und beförderte eine zerknickte Visitenkarte zutage. ‚Hier', übergab sie mir die Karte, ‚hab ich von einer Kollegin. Sie war bei diesem Coach und konnte den jahrelangen Streit mit ihren Geschwistern unblutig beenden. Sie sagte, es grenze an ein Wunder, und schwärmt von dieser Sitzung. Sie hat jedem in der Firma davon erzählt. Probier es einfach mal aus.' CQM Coaching stand auf der Visitenkarte unter dem Namen des Coachs. Ich hatte keine Ahnung, was Zeh Kuh Em (CQM) war."

Langer Rede, kurzer Sinn – Ricarda rief diesen Coach an. Zwei Wochen später schilderte sie ihm ihre Unzufriedenheit und von der Angst, etwas für sich selbst zu wollen. „Er erklärte mir, wie er mit CQM korrigiert, während ich redete, und fragte, wie sich bestimmte Begriffe für mich anfühlten. Schnell begriff ich, dass diese Begriffe ein ungutes Gefühl bei mir auslösten. Er erklärte mir, dass das daher komme, dass auf diesen Begriffen energetische Schwächen lägen. Und deshalb könne ich nicht das tun, was ich gerne tun würde. Das leuchtete mir ein, und wir haben zusammen mehrere Stunden verteilt auf mehrere Tage korrigiert."

„Was habt ihr denn alles korrigiert? Erzähl doch mal?“, wollte Carmen wissen.
„Ich kann mich nicht mehr an alles erinnern“, überlegte Ricarda, „doch es gab viele Korrekturen rund um das Thema ‚Tochter sein: artig sein, geliebt werden fürs Artigsein, geschimpft werden für eigenwilliges Handeln, etwas Eigenes wollen, etwas Eigenes brauchen, deine Füße unter meinem Tisch stellen, dass du mir ja nicht so nach Hause kommst, zu klein sein, zu vorlaut sein, wegen vorlaut sein bestraft werden, was die anderen wohl dazu sagen, als Mädchen macht man das nicht, als Mädchen macht man das‘, und vieles mehr in der Richtung.“
„Als diese Muster korrigiert waren, machte sich in mir eine wunderbare Ruhe breit. Plötzlich fühlte ich mich groß und war mir selbst mehr vertraut. Ich weiß nicht, wie ich dieses Gefühl anders beschreiben soll. Interessanterweise verschwanden durch die Korrekturen auch meine Rückenbeschwerden, die mich seit Jahren plagten.“
Im Laufe der Coachingsitzungen wurde Ricarda auf einmal klar, dass sie mit ihrer Heirat in die Rolle der Ehefrau eingestiegen war. Und damit hatte sie unbewusst das Leben ihrer Mutter und Oma nachgespielt: in allen Einzelheiten. Alle nicht bewussten Erwartungen, die Ricardas Mutter an ihren Mann und an die Kinder gestellt hatte, übertrug Ricarda wie auf Autopilot auf ihren Mann und ihre Kinder. Und stellte fest, dass sie mit der Heirat ihre Bereitschaft zur Selbstbestimmung völlig unbewusst abgegeben hatte.
„Aber jetzt steckte ich in einem anderen Dilemma. Ich hatte keine Idee, wie ich ein selbstbestimmtes und selbst bestätigtes Leben führen sollte. Ich teilte meiner Familie mit, dass ich jetzt etwas für mich tun wolle und in eine eigene Wohnung

ziehen würde. Um es kurz zu machen – sie waren nicht begeistert. Und ich hatte in der eigenen Wohnung alle Hände voll zu korrigieren. Zwischenzeitlich hatte ich CQM selbst gelernt und korrigierte, was das Zeug hielt: selber bestimmen, können, wollen, dürfen, tun, was ich will, tun, was ich möchte, tun, was Spaß macht, tun, was guttut, egoistisch sein können, wollen, dürfen, alleine sein können, wollen, dürfen, selbstständig entscheiden, eigene Entscheidungen fällen, niemanden fragen können, müssen, wollen ...
Heute würde ich sagen, das eigene Leben zu leben lernen, ist mein größter Erfolg überhaupt. Übrigens: Ich bin nach zwei Jahren wieder zu meiner Familie gezogen. Alle sind sich einig: Durch meinen ‚Ausflug' hat unser Familienleben nur gewonnen."

Alles, was wir tun, müssen wir gelernt haben – die Macht der ersten Referenzen

Ricarda hat von klein auf gelernt, Ehefrau und Mutter zu sein. Ob es darum geht, die Rolle der Ehefrau oder des Ehemanns auszufüllen, ein Unternehmen aufzubauen und zu leiten, mit den Ski den Hang hinunterzuwedeln – alles, was wir tun, müssen wir gelernt haben.
Und für viele Dinge gibt es keine formale Ausbildung an einer Schule oder einem Institut. Zum Beispiel lernt man in einer Regelschule selten, wie ich Mitarbeiter führe, wie ich mit Kunden kommuniziere, damit diese gerne von mir kaufen, was zu einer erfolgreichen Beziehung gehört oder wie ich meine Träume verwirkliche. Und da es selten jemanden gibt, der uns diese Dinge beibringt, greifen wir völlig UNBEWUSST auf unsere ersten Referenzen zu dieser bestimmten Sache zurück.

Und machen es automatisch so, wie wir es das erste Mal erlebt und vorgelebt bekommen haben. Ricardas Erfahrungen als Kind bestimmten unbewusst ihr Denken, Fühlen und Handeln und somit natürlich auch ihre Fähigkeiten und ihren Erfolg.

Achten Sie mal auf geflügelte Wörter, wie zum Beispiel: „Da wurde ich ins eiskalte Wasser geworfen." So fühlen wir uns, wenn wir mit etwas zum allerersten Mal konfrontiert werden, ohne Vorbereitung, ohne Anleitung, auf welche Weise das schon mal jemand gemacht hat. Keine angenehme Situation! Ihr Atem stockt, die Haut zieht sich zusammen. Ihr Kiefer macht sich selbstständig, und die Zähne klappern, ein angstvoller Fluchtimpuls macht sich breit, und Sie haben das Gefühl, Ihr Herz bleibt stehen. Und deshalb greifen Sie unbewusst auf die Erfahrung zurück, die Sie in solch einer Situation bereits gemacht haben. Ganz egal, ob diese angenehm oder unangenehm waren!
Die allerersten Referenzen in Bezug auf ein bestimmtes Thema wirken sich Jahre und Jahrzehnte noch auf unser Handeln und auf unsere Fähigkeiten aus. So auch bei einem jungen Mann, der vor Jahren in meine Coachingpraxis kam.

Ronnys Erfolgsbremse: Zahlen

Ronny war damals in der neunten Klasse Realschule und hatte ein massives Problem in Mathe. „Wann immer ich vor meinem Matheheft saß, konnte ich mich einfach nicht konzentrieren. Die Matheaufgaben wollten und wollten sich nicht lösen lassen. Es dauerte Stunden, bis ich die Hausaufgaben fertig hatte. Und die Klassenarbeiten waren immer eine Katastrophe, ich kam einfach nicht von der Fünf im Zeugnis runter."

Während der Coachingsitzung ging ich mit Ronny gedanklich in die Schule und habe mich umgesehen und nachgespürt. Ich habe zuerst alle schwächenden Einflüsse rund um das Schulgebäude und den Unterricht korrigiert, zum Beispiel die energetische Verbindung der Tische und der Tafel zu Ronny, der Geruch der Kreide, das Stillsitzen, die Verbindung zur Mathematik, zur Lehrerin, zur Stimme der Lehrerin, zu den Schulbüchern, zu Zahlen. Als ich das Wort „Zahlen" ansprach, sank Ronny auf seinem Stuhl zusammen. Sein Atem stockte, und seine Gesichtsfarbe wechselte. ‚Aha', dachte ich. ‚Rund um das Stichwort ‚Zahlen' existieren weitere energetische ‚Anhängsel', die sein Energiefeld schwächen.' Also habe ich Ronnys Aufmerksamkeit auf Zahlen gelenkt und korrigiert, Zahlen schreiben, Zahlen ansehen, Zahlen sehen, Zahlen aussprechen, etwas bezahlen, etwas bezahlen müssen, die Schulden bezahlen, das zahle ich dir heim und vieles mehr.

Beim Stichwort „sich schuldig fühlen für Zahlen" reckte sich Ronny auf seinem Stuhl. Wir waren zu seiner ersten Referenz vorgedrungen! Er erzählte, dass sein Vater seit siebzehn Jahren Geschäftsführer in einem großen Handelsunternehmen sei. Er war immer bei der Arbeit, und seit er sich erinnern konnte, war seine Mutter sehr wütend auf den Vater. Wenn der Vater dann endlich nach Hause kam, gab es zwischen den Eltern oft Streit, weil die Mutter meinte, der Vater sollte sich auch um Ronny und seine zwei Jahre jüngere Schwester kümmern. „Du scheinst dich nur für deine Umsätze und Zahlen zu interessieren, wir sind dir egal", lautete einer ihrer Standardsätze. Danach hing natürlich meist der Haussegen schief, was die ganze Familie stresste. „Die Zahlen sind schuld, sich schuldig fühlen wegen Zahlen, wegen Zahlen nicht beachtet werden, wegen Zahlen bestraft werden, wegen Zahlen nicht geliebt werden, wegen Zahlen abgelehnt werden, Zahlen machen Angst", so lauteten die letzten Korrekturen, die ich bei Ronny durchführte.

In den darauffolgenden Wochen schrieb Ronny nur noch Zweien und Dreien in seinen Mathearbeiten.
Drei Monate später erzählte mir Ronnys Mutter, dass sich seit den Korrekturen bei Ronny das gesamte Familienleben entspannt hätte. Sie würden jetzt oft etwas gemeinsam unternehmen, da Ronnys Vater viel mehr Zeit zu Hause verbrachte.

Korrekturen wirken auch auf das Umfeld der korrigierten Person

Sie haben richtig gelesen! Energetische Korrekturen wirken sich nicht nur auf das individuelle Energiefeld einer Person aus, sondern auch auf die Menschen, die in Kontakt mit der korrigierten Person sind. Aber wie kann das denn sein? Ganz einfach! Erinnern Sie sich an Kapitel 3, in dem ich schrieb, dass unser Energiefeld ständig im Austausch mit anderen Energiefeldern steht. Ob wir das wollen oder nicht, das können wir gar nicht beeinflussen.
Unser energetisches Feld wirkt so ähnlich wie ein großer Rasensprenger und „beregnet" alle, mit denen wir im Alltag zu tun haben. Und natürlich werden wir selbst von allen beregnet, mit denen wir zu tun haben. Die Energiefelder seiner Eltern haben auf Ronny gewirkt, ebenso hat Ronnys korrigiertes Feld auf das Feld der Eltern gewirkt. Übrigens: Ronny hat die Schule mittlerweile abgeschlossen: mit einer Zwei in Mathematik!

Bitte seien Sie sich an dieser Stelle bewusst, dass nicht bei jedem, der ein Matheproblem hat, genau diese unbewussten Faktoren als erste Referenz vorliegen. Die ersten Referenzen, die zu Schwächen im Energiefeld führen, können auch durch ein anderes Ereignis verursacht werden. Das Energiefeld jedes Einzelnen ist einzigartig, da jeder Mensch die Ereignisse des Alltags individuell bewertet und erlebt.
Wenn Sie anfangen, bei sich selbst die energetischen Turbulenzen aufzuspüren, die Ihren Erfolg verhindern, vergessen Sie die ähnlichen Fälle, denn diese Fälle sind nur ähnlich. IHRE Turbulenzen können ganz woanders liegen, auch wenn Sie das gleiche Problem haben. Machen Sie sich ganz unvoreingenommen und unbeschwert auf die Suche.

Angst blockiert jede Handlungsmöglichkeit

Dabei ist es gleichgültig, ob die Angst bewusst oder unbewusst ist, wenn Sie einem neuen Thema oder einer neuen Herausforderung gegenüberstehen. So wie bei Sylvia, die zu mir ins Seminar kam.

Sylvias Erfolgsbremse: die Missbilligung ihrer Mutter

Silvia geriet in Panik und bekam Atemnot, sobald ihr Freund sie umarmte und küsste. „Jedes Mal, wenn Frank mir nahekam, hielt ich die Luft an, ich konnte mich nicht entspannt einer Umarmung oder einem Kuss hingeben. Dabei mochte ich Frank schon damals wirklich gerne; wir verstanden uns hervorragend und hatten immer viel Spaß, egal, was wir unternommen haben. Doch Körperkontakt ging gar nicht. Es war furchtbar und der pure Stress für mich."

Wir forschten nach den energetischen Ursachen für ihren Stress und spürten in ihrem Energiefeld ein Trauma im Alter von acht Jahren auf.
Daraufhin erzählte Sylvia folgende Geschichte: „Ich war mit meiner Mutter im Schwimmbad. Auf dem Weg zum Kiosk kamen wir an einer Gruppe Jugendlicher vorbei, die ihre Decken und Handtücher auf der Wiese ausgebreitet hatten. Die Mädchen und Jungen lagen lachend und scherzend alle eng zusammen. Einige waren fest umschlungen und küssten sich. Und plötzlich erkannten wir meine dreizehnjährige Schwester hinter dem wuscheligen Hinterkopf eines gut gebauten Jungenkörpers." Als Silvias Mutter sah, dass ihre älteste Tochter mit einem Jungen rumknutschte, brach ein gewaltiges Donnerwetter los. Die Gruppe Jugendlicher stob auseinander, Silvias Schwester fing sich eine Ohrfeige ein und wurde nach Hause geschickt. Wütend erklärte Silvias Mutter auf dem Heimweg: „So will ich dich nie sehen. Rumknutschend mit einem Jungen im Freibad!"
Das war also Silvias erste Referenz zum Thema „Küssen". Rumknutschen war von da an verankert mit der unbewussten Angst, von der Mutter nicht mehr geliebt zu werden. Auch Jahre und Jahrzehnte später wirkte diese Referenz. Und jedes Mal, wenn das Thema „Küssen" akut wurde, wurde damit die unbewusste Angst aktiviert und verhinderte, dass Silvia Spaß am Küssen hatte und die Umarmung ihres Freundes genoss. Wir korrigierten Sylvias erste Referenz, diese unbewusste Angst, nicht mehr geliebt, sondern abgelehnt zu werden, sobald sie Frank küsste. Offensichtlich sehr erfolgreich, denn zum nächsten Coaching kam Silvia überglücklich: Frank hatte ihr einen Heiratsantrag gemacht!

Sylvia hat das mütterliche Gedankenkorsett übernommen, aber man kann es sich auch selbst schaffen. Indem man einfach glaubt, man müsste sich so und nicht anders verhalten. Wie Martin aus unserer abendlichen Runde.

Martins Erfolgsbremse: Ich war die Marionette meines Glaubens

„Auch ich bin in diese Abhängig-von-der-Zustimmung-anderer-Falle getappt. Und ich war mir dessen nicht bewusst. Ich war der Ansicht, als Chef muss ich mich so verhalten, als Vater so, als Ehemann so, als Unternehmer so und als Vereinsvorstand so." Martin wollte es allen recht machen oder besser ausgedrückt: Er wollte es so machen, wie er glaubte, dass es den anderen recht ist. „Ich wollte, dass alle mit mir klarkommen, und habe mich an das gehalten, wovon ich glaubte, das machen die anderen genauso." Frei nach dem Motto: Nur nicht auffallen, dann kann man auch nicht reinfallen! „Dieses total unbewusste Abhängigsein von der Zustimmung anderer hat mir den Spaß im Alltag versaut. Und es gab mich eigentlich gar nicht, sondern nur diese Marionette, die versuchte, in der Gesellschaft nicht zu sehr aufzufallen, möglichst angepasst zu sein, damit ich ja niemanden zu nahe trete oder jemanden zu sehr reize. Ich hatte gar nicht bemerkt, wie ich unbewusst immer unbeweglicher wurde. Heute lebe ich meine Ideen und die Flausen, die ich als Bub schon hatte. Und das Leben macht viel mehr Spaß."

Unsere Bedienung, die sich mittlerweile kurzerhand mit zu uns gesetzt hatte, fragte: „Und was haben Sie getan, damit Sie Ihre Jugendträume heute leben? Haben Sie auch dieses Korrigieren gemacht?"

Alle lachten. Martin fuhr fort: „Ja, und wie ich korrigiert habe. Es gab viele Korrekturen zum Thema ‚Selbstbild und Selbstbewusstsein', zum Beispiel sich selbst trauen, sich selbst als großartig betrachten dürfen, nicht tun, was die anderen sagen, sich den anderen widersetzen, sich der Familie widersetzen, nur wenn ich mich anpasse, lieben sie mich, wenn ich zustimme, lieben sie mich, nicht zustimmen wollen, nicht zustimmen können, und tausend andere Korrekturen. Auch zu meinem Selbstverständnis als Mann! Ein starker Mann sein, stark sein, heißt angepasst sein, angepasst sein, heißt schwach sein, sich messen müssen mit anderen, sich vergleichen müssen mit anderen, verglichen werden mit anderen Männern, als Mann die Hosen anhaben müssen, als Mann verantwortlich sein für die Familie, als Mann für das Glück verantwortlich sein, als Mann am Unglück schuldig sein, und noch andere Sachen. Und so kam es dazu, dass ich MICH ERLAUBE." Er ließ sich die letzten beiden Worte fast auf der Zunge zergehen. „Ja, MICH ERLAUBEN. Und das führt dazu, dass ich für die anderen nicht mehr berechenbar bin. So ist unser aller Leben viel bunter geworden, jedenfalls empfinde ich es so."

Ich sah, wie sich viele am Tisch eifrig Notizen machten, als sie hörten, was Martin alles korrigiert hatte. Leider passiert es ständig, dass wir in unserem Alltag, zum Beispiel bei der Arbeit, etwas auf eine bestimmte Art und Weise tun, ohne uns darüber klar zu sein, warum wir nicht eine andere Herangehensweise gewählt haben. Kaum jemand ist davor sicher. Auch ich war es nicht.

Meine Abhängig-von-der-Zustimmung-anderer-Falle

Als ich angefangen habe, CQM Seminare zu geben, hat sich mir diese unbewusste Abhängig-von-der-Zustimmung-anderer-Falle auf eine sehr anschauliche Weise präsentiert:
Damals genoss ich den Luxus, mein Büro in den Hügeln der San Francisco Bay in Kalifornien zu haben. Von unserer großen Veranda aus konnte man an klaren Tagen über die Bay sechzig Meilen weit bis nach San Francisco sehen. Ich hatte in diesem Sommer die Aufgabe übernommen, die Podiumsdiskussionen für eine technische Konferenz zusammenzustellen und zu koordinieren. Eine der Diskussionen lag in meiner Verantwortung, und ich wollte Technik und Spiritualität zusammenführen. Also überzeugte ich den Konferenzveranstalter davon, eine Podiumsdiskussion mit dem Titel „Der Einfluss von Elektronik auf unsere Lebensqualität" anzubieten.
So weit – so gut! Einige Podiumsgäste hatte ich schon im Hinterkopf, vier weitere brauchte ich noch. Also begann ich, den Stapel Bücher zu lesen, der sich auf und neben meinem Schreibtisch aufgetürmt hatte: alle von Autoren, die für meine Podiumsdiskussion infrage kamen! Ich setzte mich mit meinem Stapel auf die Terrasse unter den Sonnenschirm, doch es hielt mich keine zehn Minuten dort. Ich stand auf, lief ins Haus, um E-Mails anzusehen, ging wieder auf die Terrasse, um weiterzulesen, stand wieder auf, um E-Mails zu beantworten und zu versenden, ging wieder auf die Terrasse, stand auf, um auf meinem Schreibtisch Ordnung zu schaffen, wieder zurück zur Terrasse und so weiter und so fort. So ging das fast zwei Tage. Ich war unruhig, konnte mich nicht auf meine Lektüre konzentrieren, hatte unerklärliches Herzklopfen und einen schalen Geschmack im Mund.

‚So geht das nicht', schoss es mir schließlich durch den Kopf. ‚Jetzt muss ich mal mit mir selber korrigieren.' Dann spürte ich die unbewussten Gedanken und Ängste auf, die sich hinter meinem Verhalten verbargen: „Mitten in der Woche, am helllichten Tag, in der Sonne auf der Terrasse sitzen und lesen – das ist keine Arbeit, das ist Faulenzerei. Und das gibt Ärger." So etwas wäre in meiner Schulzeit unmöglich gewesen. Bei uns gab es immer viel zu viel zu tun; und ich hätte mich nie getraut, am Nachmittag in der Sonne zu sitzen und zu lesen.

Und das hielt mich Jahrzehnte später davon ab, das zu tun, was ich tun wollte: diese Kombination aus Umständen, eigenem Tun, unbewussten Gedanken und Ängsten! Nachdem ich sie durch Korrekturen aufgelöst hatte, ging es flott voran mit meiner Arbeit, die ich vorher nicht wirklich als solche angesehen hatte. Innerhalb der nächsten anderthalb Tage hatte ich meine Podiumsgäste zusammen.

Zweieinhalb Jahrzehnte, nachdem ich meinen Geburtsort verlassen hatte, wirkten diese Muster – was Arbeit und Faulenzerei bedeutet – immer noch in meinem Energiesystem. Was mich absolut faszinierte, war die Tatsache, dass diese unbewusste Abhängig-von-der-Zustimmung-anderer-Falle nicht nur nach fünfundzwanzig Jahren immer noch hartnäckig wirkte, sondern auch über die Entfernung von sechstausend Meilen. Denn in Kalifornien gab es absolut niemanden, der etwas dagegen gehabt hätte, dass ich es mir mitten in der Woche auf der Terrasse „gemütlich" mache und ein „bisschen lese".

Daran kann man sehen, wie stark unsere unbewussten Muster und Gedanken sind. Wie zum Beispiel bei Jörg, der mir sein Leid auf einem Erlebnisabend klagte.

Jörgs Erfolgsbremse: Ich will meine Freunde nicht verlieren

Jörg, Mitte zwanzig, war im Vertrieb eines Versicherungsunternehmens angestellt. Im Umsatzranking der Vertriebsmitarbeiter lag er auf Platz drei. „Ich war felsenfest davon überzeugt, dass da noch mehr zu machen ist. Und hab absolut damit gerechnet, die nächste Nummer eins zu sein.“ Doch aus unerklärlichen Gründen platzten zum Quartalsende die angestrebten Verträge mit den Kunden. Und das begann, seit sein Name zum ersten Mal auf der dritten Position stand.

Wir haben gemeinsam in seinem energetischen Informationsfeld schwächende Informationsmuster aufgespürt und korrigiert: Wenn ich mehr habe als die Freunde, verliere ich die Freundschaft, wenn ich der Beste bin, mögen sie mich nicht, als Streber betrachtet werden, es ist schlecht, so gut zu sein, es ist gut, schlecht zu sein, als Egoist betrachtet zu werden, wenn ich Erster bin, ganz vorne zu stehen bedeutet, angegriffen und getötet zu werden, wenn ich ganz vorne bin, greifen sie mich von hinten an, wenn ich Erster bin, sind die anderen neidisch …

Getötet werden? Für Sie mag sich das vielleicht übertrieben anhören. Aber bei vielen Erfolgsverhinderern handelt es nicht um eine real existierende Gefahr. Es geht darum, was für Ängste unbewusst in uns entstehen oder geschürt wer-

den durch das, was wir um uns herum wahrnehmen. Denken Sie nur mal an die Filme, die Sie angeschaut haben, z.B. über römische Gladiatoren, mittelalterliche Machtspiele oder Geschichten über Kriege im vergangenen Jahrhundert. Man erlebt das Sterben sehr „eindrucksvoll" mit und speichert entsprechende Ängste unbewusst ab.
Wir korrigierten alle diese schwächenden Informationsmuster, und schon im darauffolgenden Quartal konnte Jörg die Früchte seiner Arbeit ernten. Er berichtete, dass es achtzig Prozent weniger geplatzte Aufträge gab als in den sieben Quartalen zuvor; und er war endlich die unumstrittene Nummer eins. Die schwächenden Informationsmuster, die ihm nicht bewusst waren und die wir korrigiert hatten, konnten nun die Beziehungen zu den Kunden nicht mehr stören und ihm sein Geschäft vermasseln.

Jörg war sich absolut nicht bewusst, oder hatte auch keine bewusste Angst davor, dass sich seine Freunde von ihm abwenden könnten. Doch sobald in seinem energetischen Feld das Thema „der Beste und Reichste sein" auftauchte – das mit schwächenden Emotionen gekoppelt war –, gab es auf Jörgs Schwingungsebene „Sturmwarnung". Solche schwächenden Informationen können zum Beispiel entstehen, wenn man als Kind ganz unschuldig die Unterhaltungen der Familie mitkriegt. Wenn der Vater abfällig über den Bauern mit dem größten Hof am Ort redet oder über den Chef herzieht, der es geschafft hat, eine erfolgreiche Firma aufzubauen. Noch Jahre und Jahrzehnte später werden diese Informationsmuster aktiv, sobald sie angeregt werden.

Und dann stehen die meisten Menschen völlig verwirrt da, weil sie ihre Ziele nicht erreichen oder irgendwann selber nicht mehr wissen, was sie eigentlich wirklich wollen. So wie Sabine aus „meiner“ Restaurantrunde.

Sabines Erfolgsbremse: die Meinung der anderen

„Ich hatte erst beim Auszug meiner Tochter bemerkt, dass ich eigentlich nur das Abbild meiner Umgebung war und lebte. Alle redeten auf mich ein. Ich bräuchte doch zumindest ein kleines Gästezimmer, damit meine Tochter doch eine Bleibe hätte, wenn es bei ihrem Vater nicht so läuft! Ich fühlte ich mich wie eine Rabenmutter.“ Sabine hatte ein schlechtes Gefühl und wich tagelang jedem Telefonat mit Freundinnen oder einem Gespräch mit ihren Nachbarn aus. Sie vermied es auch, bei ihrer Mutter hereinzuschauen. Stattdessen korrigierte sie. „Dabei habe ich erkannt, dass ich mein ganzes Leben im Angesicht, also nach den Vorstellungen von jemandem anderen, gelebt habe. Im Angesicht von meinem Vater und meiner Mutter, im Angesicht von meinen Lehrern, meinen Freunden, im Angesicht von meinem Exmann, meiner Tochter und im Angesicht von meiner Patentante. Immer darauf bedacht, ihre Erwartungen zu erfüllen. Und in jeder Rolle hatte ich mich unbewusst den kollektiven Normen untergeordnet.“

Nicht dass Sabines Leben dadurch schlecht war, doch es ging nie um sie selbst. Sie spielte alle diese Rollen, so wie sie sich vorgaukelte, dass sie gespielt werden müssen.

„Als meine Tochter auszog, habe ich von meiner Umgebung gehört, wie ich mich jetzt als Mutter zu benehmen und zu fühlen hätte. Da fiel mir ganz bewusst auf, dass ich das gar nicht wollte. Und

es fiel mir auf, dass mir diese Überstülpungen der anderen gar nicht guttaten. Es gab viel zu korrigieren, zum Beispiel als Mutter muss man, darf man, als Mutter sich Unabhängigkeit erlauben, Unabhängigkeit wollen, unabhängig sein dürfen, sich kümmern müssen, sich sorgen müssen, sich dem Wohle anderer unterordnen, sich um das eigene Wohl kümmern, gute Mütter sorgen sich, eine schlechte Mutter sein, eigenes Leben leben, eigene Bedürfnisse leben und jede Menge anderer Gedanken."

Und als Sabine alle Korrekturen durchgeführt hatte, griff sie – anscheinend ganz plötzlich – auch niemand mehr an. „Auf einmal haben Kolleginnen und Freundinnen mich bewundert, wie gut ich doch aussehen würde und wie gut ich drauf sei, trotz des Auszugs meiner Tochter. Einige sagten, sie seien schon ein bisschen neidisch, weil ich jetzt ja tun und lassen kann, was ich will. Und es waren genau dieselben, die mich zuvor als Rabenmutter betitelt hatten."

Sabine nickte noch einmal zur Bekräftigung und lehnte sich, zufrieden lächelnd, auf ihrem Stuhl zurück.

Wir können nur den eigenen Tanz tanzen – das eigene Leben leben

Nicht nur bei Sabine scheint es so, als wären wir auf Autopilot unterwegs. Unsere Mitmenschen dirigieren ungewollt und manchmal gewollt, was wir dürfen, wollen und können, was wir dürfen wollen, dürfen können und können wollen. Und wir lassen uns UNBEWUSST darauf ein, da wir immer im Angesicht von jemand anderem leben, also dessen Erwartungen erfüllen wollen. Natürlich auch unbewusst.

Ein weiterer Fall aus der Coachingpraxis meiner Schwester Christina verdeutlicht, wie wir uns manchmal im Leben anderer regelrecht „verheddert" haben. Und daraus können uns definitiv weder Pillen noch Therapien befreien.

Jürgens Erfolgsbremse: die Trennung seiner Eltern

Als Jürgen zum CQM Coaching kam, war er dreiundvierzig Jahre alt. Er hatte eine gut gehende Firma mit fünf Angestellten, zwei gesunde Kinder, eine hübsche Frau und ein schönes Haus am Stadtrand. Er war das Paradebeispiel eines sogenannten erfolgreichen Mannes. Doch die Firma drohte auseinanderzufallen, da er seit Monaten nicht in der Lage war, dort zu arbeiten. „Ich konnte einfach nicht. Stattdessen saß ich mit Weinkrämpfen zu Hause. Tage- und wochenlang." Er war bereits in Psycho- und Hypnosetherapie gewesen und schluckte allerlei Mittelchen, um sein emotionales Innenleben zu stabilisieren.

Beim Aufspüren der unbewussten Einflussfaktoren hat meine Schwester schnell unbewusste Ängste auf der Beziehungsebene wahrgenommen. Jürgen war seit siebzehn Jahren glücklich verheiratet. Er liebte seine Frau. Seine Frau liebte ihn. Ihrem Glück stand nichts im Weg. Eigentlich. Meine Schwester spürte ins Energiefeld und lokalisierte ein Ereignis im Alter von sieben Jahren hinsichtlich der Beziehung zu Frauen. Jürgen riss die Augen auf, und Tränen sprangen aus seinen Augen. Das Stichwort „sieben Jahre" hatte eine energetische Verwicklung angeregt und Jürgens mentales und emotionales Feld in Schwingung versetzt. Sein Körper reagierte mit einem Heulkrampf und Muskelanspannung.

Er erzählte Christina dann, dass er mit sieben Jahren beobachtete, wie seine Mutter seinen Vater verlassen hatte. Er stand mit seinem Vater in der Tür, als die Mutter mit einem Koffer und Tränen in den Augen die Wohnung verließ – ohne ein einziges Wort zu sagen. Sie kam nie wieder. Sein Vater war zu diesem Zeitpunkt dreiundvierzig Jahre alt. Als Jürgen dieses Alter erreicht hatte, war sozusagen seine energetische Verwicklung, die entstanden war, als seine Mutter auszog, in Dauervibration. Die entscheidende Korrektur bestand darin, von einer Frau im Alter von dreiundvierzig Jahren verlassen zu werden. Nachdem korrigiert wurde, entspannte sich Jürgen. Er konnte über seine Frau und seine unbewusste Angst, sie könne ihn verlassen, reden.

Dann lenkte meine Schwester ihre Aufmerksamkeit auf die Firma, auf das Büro von Jürgen. Denn er konnte seit Monaten nicht mehr dort hingehen. Sie entdeckte unbewusste schwächende Einflüsse vom Telefon und vom Klingeln des Telefons zu Jürgen. Das Telefon war Jürgens Hauptarbeitsmittel, da seine Waren telefonisch gehandelt wurden. Als sie diese Schwäche ansprach, gestand Jürgen, dass ihm jedes Mal der Atem stockte, wenn das Telefon klingelte und er den Hörer abnehmen musste. Wieder erspürte Christina das Ursprungsereignis. Zwei Jahre zuvor erhielt Jürgen aus heiterem Himmel den Anruf einer Rechtsanwältin, die ihm eröffnete, dass sie eine Unterlassungsklage gegen seine Firma eingereicht hätte. Diese Klage hatte Jürgens Firma großen Schaden zugefügt, denn er musste innerhalb von drei Monaten eine sechsstellige Summe aufbringen. Jürgen fühlte sich damals maßlos gedemütigt und ungerecht behandelt.

Unbewusst hatte er das Gefühl, nicht nur als Ehemann, sondern auch als Geschäftsmann versagt zu haben. Wann immer das Telefon in seinem Büro klingelte, wurde diese energetische Turbulenz wieder angeregt und zum Schwingen gebracht. Meine Schwester neutralisierte die Einflüsse des Telefons, die unbewussten Gedanken und Emotionen rund um das Thema „Geschäftsmann und Mann sein/stehen". Drei Wochen später war Jürgen wieder der Alte bzw. ein ganz Neuer. Die unerklärlichen Weinkrämpfe und Ängste waren wie weggeblasen, und er ging wie gewohnt seinen Geschäften nach.

Auch bei Jürgen wurde klar, dass Ereignisse, die Jahrzehnte zurückliegen, auch mit dreiundvierzig Jahren noch Auswirkungen auf das Leben dieses Mannes hatten. „Ich kam gar nicht auf den Gedanken, dass meine Zusammenbrüche mit der Trennung meiner Eltern oder der Unterlassungsklage zusammenhängen könnten." Durch das Wahrnehmen der energetischen Verwicklungen und das „Korrigieren" der Verwicklungen hat sich Jürgens Energiefeld wieder in harmonische Schwingungen versetzt. Dadurch hat sein Körper reagiert, und sein emotionaler Zustand stabilisierte sich.

Wenn Sie durch Korrekturen das energetische Feld bereinigen, kann die Energie wieder „ungetrübt und ungehindert" fließen, und Sie haben „klare Sicht", einen großen Handlungsspielraum und Wahlfreiheit. Die Einflüsse der anderen Menschen gehen dann im wahrsten Sinne des Wortes „spurlos" an Ihnen vorüber. Geschieht das nicht, kann das fatale Folgen haben, sowohl seelisch als auch körperlich. Ein extremes Beispiel begegnete mir auf einem CQM Erlebnisabend. In diesem Fall hatte das jahrzehntelange

Im-Angesicht-von-jemand-anderem-Leben zur körperlichen Starre geführt.

Vanessas Erfolgsbremse: Mir kann es nicht gut gehen, wenn es meinem Vater schlecht geht

Vanessa war eine große, schlanke, sehr attraktive Frau Mitte vierzig, als sie zu mir auf die Bühne humpelte. Sie zog ihr linkes Bein nach, und ihre Hüften sahen sehr steif und unbeweglich aus. Diese Einschränkung bestand seit dreiundzwanzig Jahren und hatte ihre Lebensqualität erheblich beeinflusst.

Ich korrigierte energetisch schwächende Einflüsse aus allen möglichen Lebensbereichen. Von Minute zu Minute stand sie gerader und konnte nach einer Viertelstunde schon mit großer Flexibilität in den Hüften gehen. Dann identifizierte ich eine Schwäche in ihrem Energiefeld, die ich so formulierte: „Sich schuldig fühlen für das eigene Wohlergehen, während es jemand anderem schlecht geht." Ihr Körper zuckte wie vom Blitz getroffen zusammen. Dann bat ich sie, nochmals einige Schritte zu gehen. Und sie ging, ohne im Mindesten zu humpeln, beschwingt vor dem Publikum auf und ab.
Sie drehte sich zu mir um und sagte: „Ich weiß, wovon Sie sprechen. Als ich zweiundzwanzig war, wurde mein Vater bei einem Unfall sehr schwer verletzt. Tagelang haben wir um sein Leben gebangt. Ich fühlte mich damals so hilflos. Ich hatte zu dieser Zeit gerade meine Ausbildung beendet und war mit meinem Freund für drei Monate nach Asien geflogen. Wir sind nach drei Wochen wieder zurückgekommen, denn ich konnte mich vor Schmerzen kaum noch bewegen. Das ging schon los, als wir gerade mal zwei Tage in Bangkok waren."

Damals war ihr nicht klar, woher die Schmerzen im Rücken und in der Hüfte kamen. Doch sie fühlte sich richtig schuldig, dass sie weggefahren war, obwohl ihr Vater noch so krank in der Klinik lag. Sie konnte sich nicht den Spaß einer Reise erlauben, während ihr Vater unbeweglich im Bett lag. Dreiundzwanzig Jahre lang hielt diese Spannung an!

Wir leben, ohne dass uns das bewusst ist, immer im Angesicht von jemand anderem. Und unser UNBewusstsein übernimmt die Regie über unser Sein. Daher gilt es, unsere bewusste Wahrnehmung auszuweiten, um nicht unserem Unbewussten aufzusitzen und dadurch die Hälfte unseres Lebens erstarrt zu sein. Vielleicht nicht äußerlich wie Vanessa, vielleicht aber innerlich wie Otto aus der abendlichen Gesprächsrunde.

Ottos Erfolgsbremse: nicht wissen wollen, was ICH selbst will

„Früher bin ich auch meiner Umwelt und meinen Mitmenschen aufgesessen", erinnert er sich. „Ich bin von einem Termin zum nächsten gespurtet, habe monatelang aus dem Koffer gelebt und gar nicht bemerkt, dass ich die ganze Zeit auf der Flucht vor mir selber und vor meinen Gefühlen war. Durch die ständige Beschäftigung mit Mitarbeitern und Projekten brauchte ich mich nicht mit mir selbst zu beschäftigen."

„Beim Korrigieren bin ich dahintergekommen, dass mein ganzes Leben eine einzige Flucht vor meiner zutiefst frustrierenden Teenagerzeit war. Ich war damals – wie sagt man – ‚unsterblich verliebt' in ein Mädchen aus meinem Ort. Ich habe mich jedoch nicht getraut, sie anzusprechen und ihr meine Zuneigung zu gestehen. Ich habe es mir immer wieder vorgenommen: Bei unserem nächsten Zusammentreffen werde ich es tun." Irgendwann sah Otto dann „sein Mädchen" mit einem anderen, den sie kurze Zeit später heiratete, und distanzierte sich innerlich von seinen Gefühlen und seinem Schmerz. Er reiste durch die ganze Welt und wurde „hart im Nehmen". „Doch wirklich glücklich gefühlt habe ich mich in dieser ganzen Zeit nicht. Seit ich korrigiere, bin ich endlich wieder zu mir zurückgekommen und mir meiner selbst und meinen Gefühlen bewusst geworden. Es ist wie ein neues Leben. Gott sei Dank haben sich dadurch die Prioritäten in meinem Leben verschoben." Und damit drückte er Petras Hand liebevoll.

Das UNBewusstsein spielt mit dem SELBSTBewusstsein

Bei Ottos Erzählung tauchte einer meiner faszinierendsten Coachingfälle vor meinem geistigen Auge auf. Dabei zeigte sich sehr eindrücklich, wie unser UNBewusstsein unser SELBSTBewusstsein austrickst.

Erichs Erfolgsbremse: die Familienbande

Erich kam zu mir, da er mit seinem Buch nicht vorankam. Er hatte einen Autorenworkshop belegt und sich extra einen neuen Laptop zum Schreiben gekauft. „Ich habe mir vier Wochen Zeit freigeschaufelt, um ungestört schreiben zu können. Und nach den ganzen vier Wochen gaffte mich immer noch ein gähnend leerer Bildschirm an. Es war furchtbar, es ging einfach nicht, und mein Abgabetermin beim Verlag rückte immer näher."

Erich wollte seine Schreibblockade auflösen. Es war ihm ein völliges Rätsel, was da mit ihm vor sich ging. Sobald er vor dem Computer saß und an seinem Buch schreiben wollte, war es, als würden seine Finger steif, und er verfiel zudem in einen Zustand der geistigen Lähmung. „Wenn ich mich an den Computer setzte, um E-Mails an Freunde zu schreiben oder Rechnungen oder irgendetwas anderes: kein Thema, alles lief!“ Erichs Unterbewusstsein schien also ein Problem mit dem Buch, dem Titel des Buches und den Konsequenzen der Veröffentlichung zu haben.
Ich wählte in diesem Fall eine Kombination verschiedener Methoden, um den unbewussten Erfolgsverhinderern auf die Spur zu kommen. Ich bat Erich, die Intelligenz der energetischen Verbindungen zu nutzen und sein Selbstbewusstsein in Bezug auf die Veröffentlichung des Buches ans Licht zu bringen. (Hört sich sehr hochtrabend an, war jedoch eine einfache Sache.) Ich gab Erich dazu elf Playmobilfiguren, die Stellvertreter für folgende Personen und Ideen in Erichs Leben waren.

- Erich selbst
- das Selbstbewusstsein von Erich. Das klingt jetzt erst einmal merkwürdig, aber eine Person und ihr Selbstbewusstsein müssen nicht zwangsläufig eine Einheit bilden. Kennen Sie zum Beispiel jemanden, der in der Gruppe, im Sport, in der Gemeinde oder allgemein in der Öffentlichkeit immer an vorderster Front mitredet? ‚Sehr selbstbewusst‘, denken Sie dann, aber das muss nicht unbedingt stimmen. Viele Menschen haben sich dieses Auftreten „antrainiert“. Das ist bei Schauspielern und Trainern häufig der Fall. Und dann ist man maßlos überrascht, wenn man den Betreffenden in

einer anderen Situation erwischt, meist privat, und er ist alles andere als selbstbewusst.

- Erichs Vater und Mutter und jeweils deren Selbstbewusstsein,
- Erichs Schwester, Erichs Frau,
- Erichs Angst, Erichs Mut zum Buch und das angestrebte Buch selbst.

Erich wusste nicht, welche Playmobilfigur wen darstellen sollte, und er stellte sie mit geschlossenen Augen auf den Tisch. In irgendeiner – anscheinend zufälligen – Anordnung. Er sollte dabei nur seine Ziele vor seinem geistigen Auge behalten: zügig das Buch schreiben, in der von ihm gewünschten Qualität, mit der Absicht, im ersten Jahr zehntausend Exemplare zu verkaufen.

Als Erich die letzte Figur in die Hand nahm, drehte er sie einige Male in der Hand hin und her und meinte: „Diese Figur fühlt sich an, als ob ich sie zu dem Projekt nicht brauche." Dann stellte er sie aber doch hin, ziemlich weit weg von den anderen, fast an den Rand des Tisches.

Diese Figur repräsentierte Erichs Mut zum Buch!

Kein Wunder, dass er eine Schreibblockade hatte. Wir stellten aber noch weitere hemmende Einflüsse fest.

Zwischen der Figur, die Erich repräsentierte, und der Figur, die Erichs Selbstbewusstsein darstellte, stand die Figur, die das Selbstbewusstsein des Vaters repräsentierte. Auf der anderen Seite stand hinter Erichs Selbstbewusstsein das Selbstbewusstsein von Erichs Mutters.

Ich lasse ab jetzt mal die Figuren weg und erwähne nur noch, wofür sie „gestellt" wurden, sonst wird es echt verwirrend. Aber halten Sie durch! Erichs Geschichte ist ein gutes Beispiel dafür, wie verwickelt – im wahrsten Sinne des Wortes – energetische Schwächen sein können. Und wie dick der Knoten ist, der manchmal „platzen" muss, damit wir das tun können, was wir wollen.

Erichs Selbstbewusstsein stand Erichs Angst direkt gegenüber. Erichs Frau hatte Erichs Angst im Arm und schaute gemeinsam mit der Angst auf Erichs Selbstbewusstsein.

Direkt hinter Erichs Selbstbewusstsein stand seine Schwester. Erichs Mut schaute aus großer Entfernung vom Tischrand auf den Rücken von Erichs Angst, in Richtung des Selbstbewusstseins von Erich.

Erichs Vater und Mutter flankierten von beiden Seiten das gesamte Bild und schauten in die Mitte, in Richtung von Erichs Selbstbewusstsein und Erichs Angst.

Das Bild der Playmobilfiguren brachte viele unbewusste Einflussfaktoren ans Tageslicht oder ins Bewusstsein, die Erich davon abhielten, das Buch zügig zu schreiben.

Erich stammt aus einem typisch schwäbischen Haushalt, da hieß es „schaffe, schaffe" und nichts anderes. Die Familie lebte buchstäblich von ihrer Hände Arbeit. Dass sein Sohn nicht handwerklich begabt war und eine Banklehre machte, war für Erichs Vater eine herbe Enttäuschung. „Nur wer hart arbeitet, arbeitet richtig", lautete sein Credo. Beim Arbeiten macht man sich die Hände dreckig, und damit basta. Das galt auch für die Frauen in der Familie, zum Beispiel beim Anbau von eigenem Gemüse und beim Einkochen von Vorräten. Und dass man einfach irgendetwas aufschreibt, das zählte schon gar nicht als Arbeit. Auch Erichs Schwester meinte, Erich sei verrückt. In der Aufstellung mit den Playmobilfiguren steht sie hinter ihrem Bruder. Aber nicht, um ihm den Rücken zu stärken, sondern um ihn zu überschatten.

Die ganze Familie erkannte Erichs Arbeit nicht an: unerhört, beschämend, aus der Art geschlagen. Mit „ein bisschen Schwätzen“ Geld verdienen und auch noch mit einem Buch als Schwätzer bekannt werden, bei Erichs Familie – und dann ja auch bei Erich selbst – ging das gar nicht.
Während ich mit Erich über die Konstellation der Playmobilfiguren und die Parallelen in Erichs Leben sprach, korrigierte ich alle schwächenden energetischen Einflüsse: besser sein, als Vater, als Familie, in der Öffentlichkeit stehen und gesehen werden, größer sein als die anderen, sich der Welt zeigen, sich präsentieren, als Autorität anerkannt werden, vom Vater als Autor und Autorität anerkannt werden, sich selbst als Autorität anerkennen, durch Schreiben an der Öffentlichkeit sichtbar sein, sich preisgeben, durch Schreiben angegriffen werden, sich nicht mehr verstecken können, die Kontrolle zu verlieren, die Kontrolle über die Nähe verlieren, durch das Schreiben den Lesern nahekommen, Leser kommen durch das Lesen zu nahe etc.
Während ich korrigierte, zeigte Erichs Körper die unterschiedlichsten Reaktionen: von Gänsehaut bis Halszuschnüren, von Nackenverspannungen bis hin zu Schweißausbrüchen. Nachdem all diese unbewussten mentalen und emotionalen Muster im Energiefeld von Erich korrigiert waren, entspannte sich sein Körper, und er konnte wieder gerade auf seinem Stuhl sitzen und ruhig atmen.
Danach spürte ich die Verwicklungen im Energiefeld anhand der gestellten Playmobilfiguren auf. Nach wie vor lautete die Frage: Was hält Erich davon ab, zügig sein Buch zu schreiben? Ich schaute auf die Verbindung von Erichs Selbstbewusstsein zu der gegenüberstehenden Angst und dem weit entfernten Mut. Hier habe ich unter anderem folgende Korrekturen vor-

genommen: die Sicherheit der Angst, die Sicherheit des Versteckens, sich sicher fühlen durch Rückzug, durch die Maske des Selbstbewusstseins leben, die Angst vor der Angst, die Angst vor der eigenen Größe, die Angst, voll zu leben, die Angst vor sich selbst, von seinem Wesen etwas freizugeben, die Angst, das eigene Wesen wird durch die Veröffentlichung entdeckt, die Angst vor den eigenen Gefühlen, die Angst vor der Anerkennung der anderen und der Leser, die Angst, gut zu sein, die Angst, im Rampenlicht zu stehen und dadurch verletzlich zu sein, die Angst vor dem Mut, der Mut zur Angst, der Mut zur eigenen Seele, der Mut, Gefühl zu zeigen, der Mut zur Liebe zu sich selbst, der Mut, die anderen erleben mich als liebenden Menschen, liebende Menschen sind schwach, und, und, und.

So habe ich anhand der gestellten Playmobilfiguren alle Konzepte, die zwischen den Figuren im energetischen Raum schwangen, aufgespürt und neutralisiert. Danach konnte Erich auf die Figuren auf dem Tisch sehen und sich gefühlsmäßig auf jede Querverbindung einlassen, ohne dass sein Körper ungute Reaktionen zeigte. Er legte die Hand auf die Brust und sagte: „Ich habe ein ganz eigenartiges Gefühl. Ich kenne das gar nicht, doch ich hatte es schon einmal. Das muss auf dem Weg in den Kindergarten gewesen sein. Es ist das Gefühl von ‚es ist sooo gut so‘. Einfach herrlich!“ Was immer er auch damit ausdrücken wollte.

Erich erzählte mir später, dass er in den folgenden Tagen ein sehr persönliches Buchkapitel schrieb, das allerdings außer ihm niemand zu Gesicht bekam.

Darin setzte er sich mit der Liebe zu sich selbst auseinander. Und danach zog es ihn förmlich an seinen Rechner, und die Worte und Sätze flossen nur so in den Computer. „Diese unbewussten Hemmungen, etwas von meinem Gedankengut und meinen Gefühlen zu Papier zu bringen, waren wie weggeblasen. Da war plötzlich eine Freiheit, körperlich und geistig. Das kannte ich vorher gar nicht."

Wir sind die Kinder unserer Eltern

Erich ist repräsentativ für das Leben und Wirken für einen Großteil der Menschen. Wir werden energetisch geprägt durch unsere Bezugspersonen während der frühen Kindheit. Und jede menschliche Begegnung hinterlässt einen Fingerabdruck in unserem energetischen Feld. Und werden nicht alle unsere Bedürfnisse als Kleinkind zu hundert Prozent gestillt – was im Prinzip ja gar nicht möglich ist –, hinterlassen diese, zusammen mit unserer eigenen Bewertung, einen Stempelabdruck im energetischen Feld. Und dieser energetische Stempeldruck bestimmt ab diesem Zeitpunkt unsere Wahrnehmung der Welt. Außerdem bestimmt er unsere Wahrnehmung von uns selbst in Bezug zum Rest der Welt und alles, was dazugehört.
Diese Wahrnehmung ist immer WENIGER als das Ganze und führt unweigerlich zu einer Selbstentwertung im Vergleich zum Rest der Welt. Diese Selbstentwertung manifestiert sich im energetischen Feld durch Trübungen, Verwicklungen und schränkt dabei unsere Wahlfreiheit und Handlungsoptionen ein.

Die energetischen Verwicklungen halten uns in einem starren Korsett aus Gedanken und Emotionen. Sie bestimmen unseren Alterungsprozess und unsere Beweglichkeit, körperlich und geistig.

Deshalb ist es immer ein bisschen wie eine Geburt, wenn man mit energetischen Korrekturen arbeitet. Eine Neugeburt im Sinne von Neusortierung aller Handlungsoptionen und Möglichkeiten, die uns auf der energetischen Ebene zur Verfügung stehen. Man hat einfach mehr – und damit bessere – Karten. Und wie wir beim Spiel die schlechten Karten abwerfen, lassen wir bei den Korrekturen die unbewussten Verwicklungen los und kommen im wahrsten Sinne des Wortes wieder in den Fluss des Lebens.
Sich SELBST BEWUSST zu sein, hilft auch dabei, nicht auf die unbewussten eigenen (negativen) Gedanken hereinzufallen und sich dadurch den Spaß im Leben zu vermiesen. Als ich vor einigen Jahren nach fünfundzwanzigjährigem Vagabundensein in meine schwäbische Heimatstadt zurückzog, demonstrierte mir eine Klassenkameradin, wie die eigenen Gedanken den Blick nach draußen vernebeln können.

Birgits Erfolgsbremse: Mein Leben ist langweiliger als deines

Ich lief Birgit vor dem Supermarkt über den Weg. Sie hatte gerade ihr Fahrrad abgestellt, als ich mit meinem Einkaufskorb aus der Tür trat. Erfreut begrüßte ich sie und setzte zum Small Talk an, wie es ihr gehe, ob sie im Garten gewesen wäre, da in ihrem Fahrradkorb Gemüse und Blumen zu sehen waren. Sie sah mich sehr verwirrt an und sagte einen Satz, der mich einfach nur sprachlos machte: „Dein Leben ist ja viel interessanter und erfolgreicher. Da kann ich nicht mit." Sie zerrte ihr Fahrrad zu sich heran, stieg unsicher auf, wäre fast wieder umgekippt und radelte davon. Jetzt war es an mir, ihr erstaunt hinterherzusehen. Wie kam sie denn darauf, dass ihr Leben nicht interessant und erfolgreich sei?

Sie hatte mich fünfundzwanzig Jahre nicht gesehen und nicht mit mir geredet. Natürlich hatte sich herumgesprochen, dass ich einige Zeit im Ausland war, aber ansonsten wusste Birgit nichts aus meinem Leben, seit ich die Schule verlassen hatte. Und ich wusste nichts aus ihrem Leben. Und nun „klatschte" sie förmlich diesen Gedanken zwischen uns, und der machte es ihr unmöglich, sich einfach zu freuen und mit mir zu plaudern. Und mir ebenfalls.

„Unser" Denken und Fühlen über uns selbst betrachten wir als individuell und privat, aber wir haben es meist von anderen übernommen. Paradox, nicht wahr? Denn es handelt sich größtenteils um gespeicherte Gedanken, Empfindungen, Emotionen und Bewertungen aus der Vergangenheit, die heute noch immer in unserem Energiefeld sind. Und wenn dort eine gehörige Unordnung herrscht, können wir nicht SELBSTBEWUSST sein. Das Ergebnis ist ein ewiger Lauf in unserem eigenen Hamsterrad. Und das ändert sich unter Umständen nur, wenn man sich aufrappelt und Neues ausprobiert. Selbst wenn man – wie Petra aus unserer abendlichen Gesprächsrunde – schon mal früher durch die Umstände zum Neuanfang gezwungen wurde.

Petras Erfolgsbremse: die unbewusste Angst vor Veränderungen

„Ich sagte ja, Erfolg ist, sich aufzumachen. Und mein einfaches Geheimnis ist, nicht an Gewohntem festzuhalten", meinte Petra. Und mit einem Blick auf Otto fuhr sie lachend fort: „Außer an dir, mein Schatz", und küsste ihn. „Im Ernst: Otto hat mich ganz schön gefordert, mein gewohntes Leben wieder mal loszulassen. Als mein Mann starb, hatte ich ja keine andere Wahl; ich muss-

te mein altes, geordnetes Leben loslassen." Aber als Petra Otto kennenlernte, gab es keinen zwingenden Grund dafür, „sich aufzumachen". Petra war ganz gewiss nicht der bequeme Typ Mensch, doch sie hatte Angst, sich aus ihrer Rolle als alleinstehende Frau zu lösen. „Mir war nicht bewusst, dass ich eine solche unbewusste Angst vor Veränderungen hatte. Zum Glück konnte Otto schon korrigieren und hat mir dabei geholfen, mal wieder Neuland im Leben zu betreten. Wir haben zusammen viele Korrekturen durchgeführt. Otto war da schon hartnäckig bei der Sache."

„Was habt ihr denn korrigiert?", wollte Ute wissen.
Petra fuhr fort: „Angst vor Neuem, Angst vor Unbekanntem, meinem ersten Mann untreu werden, den Kindern untreu werden, das Zuhause der Kinder aufgeben, das Zuhause erhalten müssen, wenn ich mich um mich kümmere, zerfällt die Familie, es ist ungerecht, dass es mir gut geht und mein Mann nicht dabei ist, ich darf es mir nicht gut gehen lassen, es ist nicht schicklich, wenn ich es mir gut gehen lasse, was sagen die Nachbarn, die Kinder, Tante Gerda ...
Als ich in meinem Alter angefangen habe, mit Otto auf den Golfplatz zu gehen, waren wir danach tagelang mit weiteren Korrekturen beschäftigt: Ich bin zu alt, zu unbeweglich, zu unkoordiniert, zu unsportlich, sportlich sein im Alter, einem alten Pferd neue Tricks beibringen, mit sechsundsechzig Jahren, da fängt das Leben an, die Angst, was der Golflehrer sagt, was meine Mutter sagt, Angst, ausgelacht zu werden. Damit ich schneller mit Otto mithalten konnte, haben wir auch die Verbindung von mir zu den Golfschlägern, zum Rasen, zu den Bällen, zu den anderen Golfspielern korrigiert, ebenso alle Gefühle und Emotionen zum Sport und zum Thema ‚Gewinnen und Verlieren'. Das war richtig spannend.

Diese energetischen Muster waren wie ein Korsett um mich herum, und fast hätte ich das Beste in meinem Leben verpasst." Und dann nahm sie Ottos Hand, drückte sie ganz fest und murmelte leise: „Zum Beispiel dich." Wir waren alle ganz gerührt, und Petras und Ottos Glück war fast mit Händen greifbar. Eine wunderbare Erfolgs- und Liebesgeschichte!

Energetische Verwicklungen bestimmen unsere Gewohnheiten – Gewohnheiten verhindern unseren Erfolg

Petras Beispiel zeigt ganz deutlich: Nur wenn wir aus unseren eingefahrenen Gewohnheiten aussteigen, erleben wir etwas anderes als das Alltägliche. Und manchmal müssen wir gezwungen werden, aus den Gewohnheiten auszusteigen, damit wir sehen, wozu wir fähig sind.
Überprüfen auch Sie Ihren Alltag. Warum führen Sie bestimmte Handlungen aus? Weil es sinnvoll ist? Es Ihnen Spaß macht? Oder einfach nur, weil Sie es immer so gemacht haben?

„Hatten wir doch schon in einem vorherigen Kapitel", meinen Sie jetzt. Gut, wenn Sie die Übung gemacht haben. Wenn nicht, holen Sie das jetzt nach. Und wiederholen Sie sie doch in einem Jahr oder spätestens, wenn Ihnen alles langweilig und öde wird.
In einem eintägigen Sonderseminar hatte ich für die Teilnehmer eine besondere Aufgabenstellung zum Thema „Gewohntes loslassen".

Eine bekannte Künstlerin leitete die Seminarteilnehmer an, mit Acrylfarbe zu malen. Alle sollten sich mit leuchtenden

Farben und Formen jeglicher Art auf der Leinwand ausdrücken. Und damit die Teilnehmer in Fahrt kamen, spielten wir inspirierende Musik ein. Denn einige trauten sich kaum, den farbigen Pinsel auf die Leinwand zu setzen. Andere, mit etwas Vorerfahrung, tobten sich sofort aus. Am Ende des Vormittags hatte jeder zwei Leinwände voller Farbe. Jeder hatte seine eigenen Kunstwerke gezaubert, hatte sich auf der Leinwand zum Ausdruck gebracht und sein Innerstes mit Farbe nach außen gekehrt.

Wir stellten alle Bilder zu einer kleinen Ausstellung zusammen, und jeder konnte sie anschauen und sich so seine Gedanken darüber machen! Was ging im Kopf des Malers vor? Fast jeder verglich die Bilder der anderen mit den eigenen Bildern. Und bei fast allen haben die Bilder der anderen immer besser abgeschnitten als die eigenen! Schade, nicht wahr? Wir sind oft so kritisch mit uns selbst und demgegenüber, was wir zustande bringen. Ich werde im nächsten Kapitel noch ausführlich auf dieses Thema eingehen. Dabei gab es kein Besser oder Schlechter. Jedes Bild war einzigartig.

Aber zurück zum Seminar; das hielt noch weitere Überraschungen bereit: zum Beispiel das Mittagessen. Das fiel an diesem Tag nämlich sehr dürftig aus. Es gab keine Vorspeise, kein Dessert, keinen Salat, sondern nur einen kleinen Snack. Die Teilnehmer waren bereits irritiert; sind sie doch bei unseren Seminaren viel üppigere Büfetts gewohnt.

Dementsprechend hungrig starteten sie in die eigentliche Aufgabe des Tages. Alle Teilnehmer mussten sich selbst bei jemand Fremdem zum Kaffeekränzchen einladen. Konkret

hieß das: im fremden Ort losziehen – irgendwo klingeln – sein eigenes Bild als Geschenk anbieten – und dafür um Kaffee und Kuchen bitten.
Nun, da war aber etwas los! Nach ein paar Schrecksekunden mit ungläubigem Staunen herrschte richtig Aufruhr. Selten habe ich eine ganze Gruppe Menschen in solchem Stress gesehen. Es drohte keine Gefahr, dass irgendjemandem etwas zustoßen könnte. Wir waren in einer zivilisierten deutschen Kleinstadt, es herrschte weder Sturm noch Hochwasser, und es war mitten am helllichten Tag. Doch der Blutdruck der meisten stieg an, manche konnten nicht mehr sprechen, bekamen einen roten Kopf vor unterdrückten Emotionen, und anderen stockte regelrecht der Atem.
Wie wäre es Ihnen wohl ergangen? Ganz genauso? Wenn ja, dann sind sie in guter – und zahlreicher – Gesellschaft. Aber warum empfinden wir das denn überhaupt als so große Herausforderung? Es passiert jeden Tag und überall im richtigen Leben.

Wenn Sie ein Geschäft haben und ein Produkt oder eine Dienstleistung anbieten, tun sie im Prinzip genau das Gleiche. Dort nennt man diese Angelegenheit nur anders: nämlich verkaufen. Erinnern Sie sich an das Erfolgsgeheimnis von Apple-Boss Steve Jobs? „Stay hungry, stay foolish." Bleibt hungrig, bleibt verrückt!

Das Erste traf auf unsere Teilnehmer definitiv zu, vom Zweiten waren sie weit entfernt. Als sie die Aufgabenstellung hörten, tauchte alles Mögliche in ihrem Bewusstsein auf: Das mach ich nicht. Das kann ich nicht. Lieber keinen Kaffee, als an einem fremden Haus klingeln. Was denken die Menschen von mir, wenn ich ihnen ein Geschenk machen will. Das Bild ist nicht gut genug zum Verschenken. Fremde spricht man nicht an. Ich kann mich doch nicht anbieten. Ich kann mich doch nicht aufdrängen. Die anderen denken von mir, ich bin verrückt. Was wird meine Mutter sagen, wenn ich bei Fremden klingele. Ich bettle doch nicht um Kaffee. Ich kann andere doch nicht mit meinem Bild belästigen. Das Bild gefällt sowieso niemandem. Mein Bild ist zu schlecht, um es jemandem zu schenken.

Und dann ging es natürlich ans Korrigieren. Alle diese bewussten und vor allem unbewussten Gedankenmuster, die ein unbehagliches Gefühl der Einengung verursacht hatten, mussten erst einmal aufgelöst werden. Sonst hätte wohl kaum jemand sein Bild an den Mann oder die Frau gebracht.

Und das schafften später alle Teilnehmer. Erleichtert, befreit, erlöst oder triumphierend taumelten sie am Abend zum Seminarraum zurück, manche regelrecht trunken vor Glück. Und das, obwohl ich sie ja regelrecht zu ihrem „Ausflug“ gezwungen hatte. Unter Entsetzen, Murren und einigen Gedanken in die Richtung, „die hat doch nicht mehr alle“ – ja, ich hab‘s genau gespürt –, sind sie losgezogen, denn freiwillig wäre keiner auf so eine absurde Idee gekommen.

Und jetzt konnten sie gar nicht mehr aufhören, „ihre“ Geschichten zu erzählen. Wie sich herausstellte, sind ihnen die tollsten Sachen beim Bilderverschenken passiert. Manche hatten echt Schwierigkeiten, wieder rechtzeitig im Seminarraum zu sein. Nicht, weil sie niemanden finden konnten, der Bild gegen Kaffee tauschen wollte, sondern weil sie so einen tollen Nachmittag erlebt hatten. Einer gab nach dem Kaffeekränzchen gleich eine CQM Sitzung, ein anderer traf „zufälligerweise“ auf CQM Anwender, die sich gleich für das nächste Sonderseminar anmeldeten, und ein Dritter tigerte mit sei-

nen neuen Bekannten durchs ganze Haus, um den schönsten Platz für sein Bild zu finden. Jeder erzählte seine Geschichte und war überglücklich.
Muss ich wirklich noch erwähnen, dass es ein ausgelassener, fröhlicher, erfüllender und bereichernder Abend wurde?

Befreien Sie sich von alten Gewohnheiten

Machen Sie es genauso wie unsere Seminarteilnehmer, denn im Alltag geht es uns nicht anders. Solange wir uns nur im Gefängnis unserer Gewohnheiten bewegen, solange erleben wir nichts Neues. Und wie sollte sich da etwas in unserem Leben verändern? Sobald wir aber Gewohntes loslassen und Dinge tun, die MAN nicht tut, stellen wir fest, dass das Leben viel mehr bietet als unsere vertrauten Grenzen. Die junge Frau im ersten Kapitel verlor eine Wette und tanzte Tango in der Kölner Innenstadt. Es gibt sicherlich auch andere und zielsicherere Wege, sich von altem Ballast zu trennen. Aber eine der sanftesten Möglichkeiten, „neues Terrain" zu erobern", ist das Auflösen der einengenden und hinderlichen Informationsmuster. Auch bei so einem selbst errichteten „Hochsicherheitstrakt", wie ihn uns Ute im Burgrestaurant gestand.

Utes Erfolgsbremse: es allen recht machen wollen

„Wenn ich euch so höre, läuft es bei jedem darauf hinaus, dass Erfolg damit zu tun hat, wie ich mich selbst wahrnehme – im Vergleich zu anderen. Oder genauer gesagt NICHT im Vergleich zu anderen. Meine größte Erfolgsbremse war, dass ich es allen recht machen wollte, koste es, was es wolle." Natürlich war Ute das nicht klar.

Als Kind hatte sie immer versucht, vorauszuahnen, was sie tun musste, damit ihre Mutter sie lobte. Das führte so weit, dass sie bereits vor der Haustür anfing zu weinen, wenn sie zu spät vom Spielen nach Hause kam. „Jemand, der heult, wird aus Mitleid nicht geschimpft! Das war damals meine kindliche Überlegung. Und deshalb war das das richtige Mittel, damit meine Mutter sich nicht aufregt." Bei Utes Mutter funktionierte das, zumindest meistens. Und aufgrund dieser und ähnlicher Erfahrungen heraus traf Ute Annahmen, was für die anderen richtig und gut ist. „Es hat schon eine Weile gedauert, bis mir dämmerte, dass die anderen ja ganz andere Interessen als die, die ich annahm, hatten. Ich war immer auf andere fixiert. Ich dachte, wenn ich herausfinde, was die anderen brauchen, kann ich mir dadurch Bestätigung abholen."

Als Ute diese Zusammenhänge klar wurden, korrigierte sie ihre unbewussten Gedanken und Glaubenssätze. „Es war ein langer Prozess. Meine Güte, ich kann gar nicht mehr sagen, was ich alles korrigiert habe und wie viele Beziehungen oder Verbindungen zu anderen Menschen und Dingen: im Job, in der Familie, zu den Nachbarn und, und, und!"
Mittlerweile hat es sich Ute „abgewöhnt", irgendetwas anzunehmen, was die anderen denken und fühlen könnten. Das war reine Fantasie und stimmte meist sowieso nicht. Nun kann sie sich darum kümmern, was sie selbst gerne hätte. Und das ist wesentlich stressfreier.

Nicht in den eigenen Fantasien untergehen

Ute hatte ihre eigenen Fantasien in Bezug auf die Erwartungen und Gedanken anderer Menschen. Sie sorgte sich – und das tun die meisten Menschen: ob das Wetter hält, die Zinsen steigen, das Auto durch den TÜV geht, der Kleine unversehrt zum Kindergarten kommt und, und, und. Wir sorgen uns um die Zukunft, in den allermeisten Fällen völlig unnötig. Auch meine Seminarteilnehmer stellten sich vor, welche Horrorsituationen sie erwarten würden, wenn sie ihr Bild gegen Kaffee und Kuchen eintauschen würden. Natürlich ebenso unnötig. Es gibt sogar einen Begriff dafür: Vorsorge nennt es die Werbung, und damit werden Ängste geschürt und wird in der Versicherungsbranche viel Geld verdient.

Es gibt sogar Menschen, die sich um die Vergangenheit sorgen! Die folgende Geschichte erzählte mir eine meiner Seminarteilnehmerinnen.

Juttas Erfolgsbremse: Was wäre gewesen, wenn …?

Jutta ist achtzig Jahre alt und Lines Mutter. Eines Tages erzählte sie Line, dass sie sich so Gedanken darum mache, wie der Hausumbau Ihrer Tochter wohl gelaufen wäre, wenn sie nicht so eine gute und günstige Handwerksfirma gefunden hätte. Dann hätte ja dies nicht geklappt und jenes wäre schiefgegangen und überhaupt, hätte dann Line viel Stress mit der zeitlichen Koordinierung gehabt und vielleicht ihre reguläre Arbeit nicht richtig machen können. Und wer weiß, ob das nicht alles zu viel gekostet hätte? Das waren Horrorszenarien, für die es absolut keinen realen Grund gab. Der Umbau war auch schon fast abgeschlossen und die ausgeführten

Leistungen bezahlt. Die Firma war immer pünktlich gekommen, hatte schnell und sauber gearbeitet und alle Arbeiten zur vollen Zufriedenheit erledigt. Es waren nur noch Kleinigkeiten zu machen. Aber Jutta steigerte sich so in ihre Ängste rein.

Line war erst mal sprachlos, als ihre Mutter ihr von ihren Sorgen erzählte. Und fing dann an zu korrigieren. Es stellte sich heraus, dass die Kriegserlebnisse ihrer Eltern der Grund für diese Sorgen waren. Beide mussten als Kinder aus den damaligen Ostgebieten flüchten. Die Bedingungen waren unvorstellbar: keinen Platz zum Schlafen, im Rücken die feindlichen Armeen, vor sich die eigenen Soldaten, denn bei Flucht drohte die sofortige Erschießung, die Besitztümer verloren oder auf ewig vergraben, der ständige Hunger, die Kälte, jeden Tag das nackte Überleben.

Line korrigierte gleich bei sich selbst mit. Denn die Angst, alles zu verlieren, war unbewusst auch auf sie übergegangen. Eine Verbindung zu den Kriegsjahren ihrer Eltern hatte sie nie gesehen. Auch wenn vor den Kindern nicht darüber gesprochen wurde, wusste Line doch, in welchem Ort die Familie ihrer Mutter einen Hundefressnapf als Kochtopf geschenkt bekommen oder dass sich ihr Vater jedes Mal beim Klicken einer Kalaschnikow in Deckung geworfen hatte. Jetzt erinnerte sie sich auch daran, dass sie in Zeiten der Kuba-Krise ihren Kinderrucksack fertig gepackt für die Flucht unterm Bett versteckt hatte. Da war Line drei Jahre alt.

Als Line erwachsen wurde, führte sie diese Angst, alles zu verlieren, fast in den Ruin, und das gleich zweimal. Jedes Mal war der Grund ein (Rosen-)Krieg.

Nach den Korrekturen änderte sich auch ihre Situation. Line konnte ihre neue Wohnung genießen und erfüllte sich den lang gehegten Wunsch, endlich zu malen und ihre Bilder auszustellen.

Wir sind das Ergebnis unserer Umwelt

Ich wiederhole das noch einmal so deutlich, weil ich mir vorstellen kann, dass Sie das gar nicht gerne hören wollen. Aber es stimmt! Sie können Ihrer Familie keine Besuche abstatten oder sich sogar ganz von ihr lossagen. Sie können mit Ihren Kollegen nur über Berufliches reden, und Sie können Ihren Nachbarn noch nicht mal einen guten Tag wünschen – es hilft alles nichts: „Diese Leute" haben Sie und sie werden Sie trotzdem beeinflussen.
Genauso, wie Sie sie beeinflussen können. Kennen Sie das alte Sprichwort: „So wie man in den Wald hineinruft, so schallt es heraus!" Sie müssen gar nicht rufen. Sie sollten „nur" bei sich selbst korrigieren. Durch die Klarheit in Ihrem eigenen Energiefeld und durch Ihre positiven Gedanken verbessern Sie nicht nur ihr eigenes Leben, sondern auch das der anderen.

Und das ist doch eine wirklich gute Nachricht!

6

Eigener und fremder Erfolg

Seit ich mich mit dem Gedanken beschäftigte, dieses Buch zu schreiben, wurde mein Leben noch interessanter. Die Frage „Was bedeutet Erfolg für dich persönlich?“ habe ich an vielen Tischrunden gestellt. Und bei meinen Seminaren und Erlebnisabenden natürlich auch. Ich habe die unterschiedlichsten Antworten gehört, die die Menschen mit Erfolg verbinden. Und häufig fielen sie ganz anders aus als die, die ich in den meisten Erfolgsratgebern gelesen hatte.
Nach einem CQM Seminar saß ich mit einigen Männern und Frauen zusammen und habe wieder mal die Erfolgsfrage gestellt. Diesmal bekam ich von der Tafelrunde nur zögerliche Antworten:

„Erfolg ist, wenn ich etwas erreicht habe und darauf stolz bin.“

„Erfolg ist, wenn ich Anerkennung bekomme für das, was ich mache.“

„Erfolg ist, wenn ich ein gestecktes Ziel erreicht habe.“

„Erfolg ist, wenn ich zufrieden bin mit dem, was ich erreicht habe.“

„Erfolg ist, niemals aufzugeben.“

„Erfolg ist, wenn ich ein gutes Gefühl habe, das mir den Rücken stärkt.“

„Erfolg ist, wenn meine Bemühungen zu einem Ergebnis führen."

„Erfolg ist, nie aufzugeben, egal was kommt."

„Erfolg ist, wenn ich Glück habe und mir etwas gelingt."

Alle haben sehr angestrengt überlegt, was Erfolg für jeden Einzelnen bedeutet. Auch bei dieser Tischrunde ging es hauptsächlich darum, mit sich und der Welt zufrieden zu sein. Die Arbeit und den Alltag bewusst zu erleben und zu genießen. Wieder waren es nicht das Haus, das Auto oder das Boot. Wieder waren es nicht der Rekord, die Medaille, der Ruhm. Aber wo kommen dann solche „Kennzeichen" des Erfolgs her? Aus der Werbung – so viel ist schon mal sicher! Und da halten sie sich dann hartnäckig. Und wir haben das übernommen. Vielleicht nicht bei uns selbst, aber bei unserer Sichtweise, mit der wir die anderen betrachten.

Mein Erfolg oder dein Erfolg

Bei dieser Gesprächsrunde hörte ich mich plötzlich eine ganz andere Frage stellen. Ich sage hier mit Absicht: „Ich hörte mich", denn die Frage ist mir zugeflogen, ohne dass ich lange darüber nachgedacht habe. Sie war einfach auf meinen Lippen und purzelte heraus: „Was betrachtet ihr als Erfolg bei anderen Menschen?"

Was die Tischrunde mir dann erzählt hat, hörte sich ganz anders an als die Antworten auf meine erste Frage. Und mir klappte wirklich manchmal die Kinnlade runter.

- Andere Menschen sind erfolgreich, wenn sie einen Berufsabschluss oder einen Studienabschluss geschafft haben. Damit haben sie den anderen bewiesen, dass sie zu etwas in der Lage sind.
- Andere Menschen sind erfolgreich, wenn sie einem anderen Menschen die Freundin oder den Freund ausspannen können. Denn dann haben sie etwas oder bieten etwas, was begehrenswert für die oder den Ausgespannten ist.
- Andere Menschen sind erfolgreich, wenn sie zeigen, dass sie viel Geld haben und sich Luxus leisten können. Sie haben zum Beispiel ein großes Haus, ein großes Auto vor der Tür und einen beheizten Pool dahinter.
- Andere Menschen sind erfolgreich, wenn sie großes Ansehen in der Gesellschaft genießen und von vielen bewundert und auch von vielen beneidet werden.
- Andere Menschen sind erfolgreich, wenn sie im Lotto oder bei einem Preisausschreiben gewonnen haben.
- Andere Menschen sind erfolgreich, wenn sie etwas haben, was nicht jeder hat, zum Beispiel eine große Firma oder den Bauplatz ganz oben am Hang mit unverbaubarer Sicht.
- Andere Menschen sind erfolgreich, wenn sie irgendwo die Größten oder Besten sind, zum Beispiel Olympiasieger, oder einen Professorentitel haben.
- Andere Menschen sind erfolgreich, wenn es ihnen gelungen ist, jemandem eins auszuwischen oder sich vor einer Aufgabe zu drücken.
- Andere Menschen sind erfolgreich, wenn sie ein Leben in Hülle und Fülle führen. Je strahlender und glamouröser der Schein, desto erfolgreicher sind sie.

Ich war völlig verblüfft. ‚So ist das also', dachte ich.

Völlig unbewusst scheinen die Menschen eine Unterscheidung zu treffen zwischen dem, was sie selbst als Erfolg betrachten, und dem, was sie bei anderen Menschen als Erfolg ansehen.

Bei der Frage „Was betrachtet ihr als Erfolg bei anderen Menschen?" kamen bei allen die Antworten wie aus der Pistole geschossen. Zuvor, bei der Frage „Was ist Erfolg für dich persönlich?" waren die Antworten zäh wie Kaugummi.
Ich habe dieses Experiment mit den beiden Fragen dann bei vielen anderen Tischrunden gestellt und immer ähnliche Antworten erhalten. Es gab aber zwei Punkte, in denen sich die Antworten immer unterschieden.

1. Den eigenen Erfolg verbinden sehr viele meiner Gesprächspartner mit einem eigenen Gefühl, während der Erfolg der anderen NICHT mit dem Gefühl dieser anderen Menschen in Verbindung gebracht wird.

2. Die meisten Menschen scheinen den Erfolg anderer Menschen mit etwas in Verbindung zu bringen, was sie selbst nicht haben oder selbst nicht können.

Als ich meine Gesprächsrunde auf diese Unterscheidung hinwies, waren alle betroffen. „Ja, das stimmt", war die einhellige Meinung. Der eigene Erfolg ist etwas anderes als der Erfolg der anderen. Der Erfolg der anderen wird mit einem anderen Maßstab gemessen als der eigene Erfolg.

Und das ist uns – Sie haben es sicherlich schon vermutet – natürlich nicht bewusst. Aber warum unterscheiden wir überhaupt zwischen eigenem und fremdem Erfolg?
Daraufhin entbrannte eine lebhafte Diskussion, die immer hitziger wurde. Was macht den Unterschied zwischen der Betrachtungsweise des eigenen Erfolgs und des Erfolgs anderer aus? Nach zwei Stunden war die Tischrunde sich einig.

- Der eigene Erfolg wird immer an den gefühlten und vorgestellten SCHWIERIGKEITEN und HERAUSFORDERUNGEN gemessen. Je mehr Schwierigkeiten der Betreffende überwinden musste, um etwas zu bekommen oder zu erreichen, desto größer das Erfolgserlebnis. Wenn etwas keine Herausforderung darstellte, dann wurde das Ergebnis von meiner Tischrunde nicht als Erfolg gewertet. Erst wenn die eigenen Grenzen überwunden wurden, erst wenn etwas zuerst als schwierig betrachtet und dann doch gemeistert wurde, dann vergaben meine Gesprächspartner die Bewertung „Erfolg".

- Der Erfolg der anderen wird am sichtbaren und wahrnehmbaren ERGEBNIS gemessen. Wie es zu diesem Ergebnis kam, spielt dabei keine Rolle. Ebenso wenig spielt bei der Erfolgsbewertung der anderen Menschen das Gefühl eine Rolle.

Und? Wie sieht es bei Ihnen aus? Messen Sie den eigenen Erfolg auch mit anderem Maßstab als den Erfolg anderer Menschen?
Denken Sie einmal ehrlich darüber nach.

ÜBUNG

Erstellen Sie eine Liste mit Ihren Erfolgen (sofern Sie das noch nicht getan haben) und schreiben Sie dahinter, warum Sie das als Erfolg ansehen.
Und dann legen Sie eine Liste mit Menschen an, von denen Sie meinen, dass sie Erfolg haben. Schreiben Sie dahinter, warum Sie das so sehen.
Oder „spielen" Sie mein Umfragespiel. Gehen Sie los und führen Sie Ihre eigenen Umfragen durch. Ich garantiere Ihnen: Sie werden immer interessante Gespräche erleben und lernen dabei sehr viel über sich und andere. Denn für manche Menschen ist das ein heikles Thema.

Die Frage nach dem persönlichen Erfolg – ein Tabubruch?

Unzählige Male habe ich bei der Frage „Was bedeutet Erfolg für dich persönlich?" recht aggressive Antworten erhalten. Und das hat mich ziemlich verwundert.
„Was soll die Frage?", giftete mich eine Frau an. Ein Mann stand vom Tisch auf und sagte: „Ich lass mich doch von dir nicht aushorchen." „Ich kann ja nicht wie du aus dem Vollen schöpfen", blaffte mich ein anderer an. „Warum willst du das wissen?", wurde meine Frage misstrauisch mit einer Gegenfrage beantwortet. Und einige Reaktionen sind einfach nicht druckfähig.
Die sechs Worte und ein Fragezeichen „Was bedeutet Erfolg für dich persönlich?" scheinen bei vielen mit hoher Ladung und energetischen Schwächen belegt zu sein.

Das Wort „Erfolg“ und das eigene UNBEWUSSTE Selbstverständnis scheinen bei den Menschen, die aggressiv auf meine Frage reagiert haben, „Krieg“ gegeneinander zu führen.
Wenn das der Fall ist, dann können Sie diesen Menschen die besten Ratgeber, Coaches, Mentoren, Trainer und Erfolgsberater an die Seite stellen; es wird alles vergebens sein. Stellen Sie sich einfach mal den Krieg bildlich vor, dann wird klar, warum das so nicht funktionieren kann. Erst wenn „Frieden“ herrscht, kann aufgebaut werden. Und das bedeutet ganz konkret: Wenn alle schwächenden Einflüsse rund um die Worte „eigener Erfolg“ neutralisiert/korrigiert sind, kann das Energiesystem dieser Menschen in Resonanz gehen mit den Qualitäten, die sie als Erfolg betrachten. Und wie gut das dann funktioniert, zeigt folgendes Beispiel:

Arabella: Ich will meinen Umsatz verdoppeln

Mit diesem Ziel kam Arabella zu mir. Sie besaß eine kleine Boutique für italienische Designermode, und das Geschäft lief gut. Trotzdem wollte sie mehr Geld verdienen. Ich fragte sie: „Was bedeutet es für dich, wenn du erfolgreich bist und den doppelten Umsatz erzielst?“ „Erfolgreich sein bedeutet ...“, Arabella stockte mitten im Satz und räusperte sich. Sie setzte ein zweites Mal an: „Erfolgreich sein bedeutet ...“ Diesmal stoppte sie ein Hustenanfall. So ging es einige Minuten. Arabella brachte ihren Satz nicht zu Ende, die Worte wollten einfach nicht über ihre Lippen kommen.

Erfolgreich sein war für Arabella damit verbunden, bekannt zu sein, berühmt zu sein, aus der Menge herauszuragen, aufzufallen, reich zu sein, mehr zu haben als andere, mehr zu haben, während andere weniger haben, von den anderen

neidisch beargwöhnt zu werden, den Neid anderer aushalten zu müssen. Alle diese Wörter und Konzepte waren mit energetischen Schwächen belegt.
Durch meine Frage „Was bedeutet es für dich, wenn du erfolgreich bist und den doppelten Umsatz erzielst?“ wurden diese Wörter und Konzepte, die ja in Arabellas Feld als Schwingungsmuster gespeichert waren, angeregt und in Schwingung versetzt. Dadurch schwächten sie Arabellas Energiefeld. Jedes Mal, wenn sie selbst an den doppelten Umsatz dachte, geschah das Gleiche. Und das geschah natürlich auch, wenn sie selbst über ihr Ziel redete. Oder wenn sie jemand danach fragte. Nachdem ich alle die schwächenden Konzepte korrigiert hatte, konnte sie frei über ihre Vorstellung von Erfolg reden. Nicht nur das, ihr Feld ging in Resonanz mit vielen zahlenden Kunden.
Und das führte zum Erfolg. Ohne zusätzliche Werbung, ohne zusätzliche Marketingaktivitäten führten die Veränderungen in Arabellas Energiefeld dazu, dass sich innerhalb eines Quartals ihr Umsatz verdoppelte. Darüber hinaus war Arabella innerhalb eines Jahres Mitglied im Gemeinderat. Die neutralisierten Konzepte „bekannt sein, berühmt sein, aus der Menge herausragen ...“ eröffneten ihr ganz neue Handlungsspielräume, die vorher nicht einmal denkbar waren. Ihr Mann und ihre Freunde hatten ihr schon vor längerer Zeit vorgeschlagen, dass sie sich in der örtlichen Politik engagieren sollte. Aber Arabella war schon allein beim Drandenken gestresst gewesen. Nach den energetischen Korrekturen konnte sie sich nicht mal daran erinnern. Es war ihr völlig unverständlich, warum sie sich so dagegen gewehrt hatte, in der Öffentlichkeit aufzutreten.
Bei Annette fing der Erfolg mit ihrer Liebe zu Blumen an.

Annette: Ich will keine Blumen mehr wegwerfen

Nach einer Zeit der persönlichen Enttäuschungen nahm Annette den erstbesten Job an, den sie kriegen konnte: in einem Blumenladen in Zermatt. Die Arbeit begann ihr Spaß zu machen, doch sie ärgerte sich über die vielen Blumen, die nicht verkauft wurden und die sie wegwerfen oder verschenken musste. Also fing sie an, beim Einkauf zu korrigieren. Jeden Tag korrigierte sie bei der Zahl der Nelken, Rosen, Lilien etc., die sie auf ihrem Bestellzettel eintrug. Und jeden Tag verkaufte sie alle ihre Blumen. „Eines Tages dachte ich, was ist denn jetzt los? Ich hab doch korrigiert, aber ich hatte eine Minute vor Ladenschluss noch fünf gelbe Rosen übrig. Und kaum hatte ich das gedacht, kam ein Mann in meinen Laden gehetzt und verlangte genau fünf gelbe Rosen. Er wollte sie von Anfang an, er nahm sie nicht nur, weil es nichts anderes mehr gab."

Auch Annettes „Karriere" ging weiter. Was beruflich klappte, konnte schließlich privat nicht verkehrt sein. Sie korrigierte alle traumatischen Erlebnisse aus der Vergangenheit: den Vater, der sie schlug, den Exfreund, der sie betrog und schlug, und den Noch-Freund, der sie ausnutzte und von ihrem Geld lebte. Zum ersten Mal in ihrem Leben fragte sich Annette, was sie selbst wollte, und korrigierte alle schwächenden Denkmuster und Einflüsse, die sie davon abhielten, es zu bekommen.

Vor sechs Jahren war es dann so weit. Bezeichnenderweise passierte es in meinem Seminar CQM III. „Ausgerechnet in einer Übung mit den schlimmsten Ausdrücken zum Thema Sexualität machten Paul und ich eine Partnerübung zusammen. Und es war magisch! Wir hatten beide das Gefühl: Wir kennen uns schon immer ..." Lange Rede, kurzer Sinn: Paul besuchte sie eine Woche später in Zermatt und lud sie

zu sich nach Hause ein. „Es fühlte sich so richtig an, dieses Gefühl kannte ich bis dahin noch nicht, nur wenn ich Blumen bestellte und genau die richtige Menge im Laden hatte.“ Paul war außer sich vor Freude und meinte: „Ich habe mir genau so eine Frau gewünscht, genau wie du bist!“
Annette hatte sich außerdem gewünscht, in einem bestimmten kleinen Ort zu wohnen. Sie war ein Jahr zuvor auf dem Stanserhorn, dem Berg gleich angrenzend an die Ortschaft, gewesen und dachte so bei sich. ‚Da unten würde ich gerne wohnen.‘ Und so kam es auch. Nach drei Jahren heirateten Annette und Paul und leben und arbeiten seitdem zusammen.

Bei Arabella war mehr Geld der Erfolg, bei Annette die Liebe zu einem Menschen, auf den sie stolz sein konnte.
Bei einer meiner Seminarteilnehmerinnen war es die sportliche Leistung.

Anna: Ich will endlich wieder Halbmarathon laufen

Nach dem Seminar korrigierte Anna alle Faktoren, die sie davon abhielten, wieder zu laufen, und konnte es sich so selbst beweisen. Sie schaffte ihr Ziel und schrieb mir folgende E-Mail:

Liebe Gabriele,
so, nun muss ich es dir einfach schreiben.
Ich habe am Sonntag meinen zweiten Halbmarathon gelaufen. Den letzten vor siebeneinhalb Jahren ohne CQM in 2:36:53 Stunden. Und damals war ich ab Kilometer neunzehn schon total am Ende.
Dieses Mal hatte ich eine Zeit um 2:20 anvisiert. Gelaufen bin ich dann 2:18:56, und das total locker. Ich konnte sogar danach noch

super gut Treppen laufen. Während des Laufs habe ich meine Waden, dann meinen Puls, den Druck in der Brust, mein Durchhaltevermögen, na ja und noch so einiges mehr korrigiert. Und ganz nebenbei konnte ich noch die schöne Landschaft, durch die wir gelaufen sind, genießen.
Wie das wohl ohne CQM abgelaufen wäre?
Wahrscheinlich wäre ich dann gar nicht gelaufen! Ich freue mich, dich bald wiederzusehen.
Liebe Grüße
Anna

Auch für Anna war das nur der Anfang „ihres" Erfolgs. Mittlerweile hat sie sich selbstständig gemacht und führt erfolgreich ihre eigene Coachingpraxis.
Wenn Sie jetzt auch Lust auf sportliche Erfolge bekommen haben, grämen Sie sich nicht, weil Sie nicht wissen, was Anna alles korrigiert hat. Es würde Ihnen sowieso nicht weiterhelfen. Denn:

Auch Erfolgsbremsen sind immer persönlich

Jeder Mensch versteht etwas anderes unter Erfolg. Die Definition des Duden: Erfolg ist das „positive Ergebnis einer Bemühung" bzw. das „Eintreten einer beabsichtigten Wirkung", betrachtet jeder durch eine anders gefärbte Brille.
Erinnern Sie sich noch an unsere Gesprächsrunde im Burgrestaurant? Die Gesprächspartner sprachen über ihre Erfolgsbremsen:

- Im eigenen Sumpf gefangen
- Sich mit anderen vergleichen

- Angst vor eigenen Entscheidungen
- Angst vor Veränderung
- Nicht wissen, was richtig ist
- Die Meinung der anderen
- Nicht wissen, was ich selbst will
- Auf-Zustimmung-der-anderen-angewiesen-sein-Falle

Das waren die Bremsen, die meine Gesprächspartner vom positiven Ergebnis bzw. von der beabsichtigten Wirkung ihres ganz persönlichen Handelns und ihrer Bemühungen ferngehalten haben.
Wie kommt es dazu, dass wir im eigenen Sumpf gefangen sind? Im Sumpf unserer eigenen energetischen Turbulenzen, energetischen Verknubbelungen und Verwicklungen?
Vielleicht haben Sie gelernt, dass unser Leben davon abhängt, dass wir Dinge auf die gewohnte bzw. zuerst erlebte Weise tun. Unsere Gewohnheiten hängen zusammen mit unseren Werten, unseren Glaubenssätzen, unseren Talenten. Doch wie kommen unsere Werte, Glaubenssatze, Talente zustande? Wie haben wir unsere eigene Identität zusammengebastelt? Wodurch wird unser Bewusstsein über uns selbst sowie unsere Betrachtung und Wahrnehmung der umgebenden Welt geprägt?
Je nachdem, in welchen Lebensumständen, in welchem beruflichen Umfeld, in welcher gesellschaftlichen Position, in welchem Beziehungskontext sich die Menschen befinden, verteidigen die Menschen eine andere Auffassung von Erfolg. Dass wir uns in einer ganz bestimmten Situation befinden, ist kein Zufall. Es ist das „positive Ergebnis" einer Bemühung bzw. das Eintreten einer „beabsichtigten Wirkung".
Ich habe dargelegt und durch meine Erfahrungen belegt,

dass unsere Überzeugungen, Gedanken, Werte und Ziele zum Großteil von anderen kommen und auch noch nach Jahrzehnten in unserem Energiefeld „Verwicklungen“ bewirken. Wie wir gefühlsmäßig „gestrickt“ sind, ob wir unsere Ziele erreichen und ob wir sie überhaupt erreichen wollen, hängt auch wesentlich von unserer Charakterstruktur ab, und die entwickelt sich in der Kindheit. Ich habe das bereits kurz in Kapitel 3 erwähnt. Auf den nächsten Seiten erfahren Sie, welche Charakterstrukturen es überhaupt gibt und welche „Ihre“ sind. Das gibt Ihnen einen guten Hinweis darauf, wo der „Knoten“ sitzt, den Sie lösen müssen, um erfolgreich zu sein.

7

Charakterstrukturen

In einem meiner Seminare stelle ich an die Teilnehmer immer folgende Aufgabe:

> Geht in eurer Vorstellung zurück zum ersten Erlebnis in eurem Leben, an das ihr euch heute bewusst erinnern könnt. Stellt euch vor, alle Menschen, die dabei waren, hätten euch ganz alleine gelassen. Wie wäre das Erlebnis dann verlaufen?
>
> Dann führe ich die Seminarteilnehmer zu weiteren bewusst erinnerbaren Erlebnissen: durch die Kindergartenzeit, die Schulzeit, die Ausbildungs- oder Studienzeit, durch alle beruflichen, sportlichen und gesellschaftlichen Ereignisse. Immer lautet meine Frage: „Wie wäre das Ereignis verlaufen, wenn die anderen Menschen nicht anwesend gewesen wären? Wenn diese den Termin nicht wahrgenommen hätten? Wer wärt ihr dann?"

Am Ende dieser Vorstellungsübung haben viele Teilnehmer feuchte Augen und sind sehr berührt. Die Frage „Wer wärt ihr ohne die anderen?" lässt sich nicht beantworten. Ohne andere Menschen hätten wir keine Ahnung, wer wir sind. Wir hätten nicht einmal die Ahnung, dass wir keine Ahnung haben.
Führen Sie selbst folgendes Experiment durch:
Notieren Sie die fünf wichtigsten Entscheidungen, die Sie Ihrer Meinung nach in Ihrem Leben getroffen haben (zum Beispiel

Schulwechsel, Berufswahl, Wahl des Arbeitsplatzes, Heirat, Scheidung, Wahl des Wohnortes, Umzug, Hauskauf, Hausbau, Hausverkauf, Kündigung, Start eines eigenen Unternehmens, Verkauf Ihres Unternehmens, Schließung Ihres Unternehmens, Besuch eines bestimmten Ortes und Ähnliches).

Dann notieren Sie hinter jeder dieser fünf wichtigsten Entscheidungen alle Kommentare und Ratschläge, die Ihnen folgende Personen gegeben haben oder hätten:
Was hätten Ihre Mutter, Ihr Vater, Ihre Geschwister, evtl. Ihre Großmütter und Großväter, Ihr bester Freund oder Ihre beste Freundin zu Ihrer Entscheidung gesagt, oder wozu hätten diese Personen Ihnen geraten?
Holen Sie sich Buntstifte und markieren Sie alle Kommentare, die Sie notiert haben, in verschiedenen Farben.

> Grün: Alle Kommentare und Ratschläge, denen Sie freudig gefolgt sind.
>
> Rot: Alle Kommentare und Ratschläge, zu denen Sie in Widerstand gegangen sind.

Und nun stellen Sie sich die entscheidende Frage: Hätten Sie genauso entschieden, wenn alle von Ihnen aufgeführten Menschen und deren Ratschläge nie in Ihrem Leben aufgetaucht wären?
Führen Sie die Übung auf jeden Fall durch, bevor Sie weiterlesen. Sie macht deutlich, welchen Anteil die Meinungen anderer an Ihrem Lebensweg haben. Und Sie werden dabei einige Ihrer unbewussten Erfolgsverhinderer ans Tageslicht befördern.

Die Sichtweise von Erfolg wird durch das unbewusste Selbstbild bestimmt.

Unser Selbstbild ist geprägt durch die Kommunikation, die Interaktion und durch das Zusammentreffen mit anderen Menschen.
Das Bild, das wir von uns selbst haben, bestimmt, was wir als Erfolg werten. Und dieses Bild besteht aus den Überzeugungen und Emotionen, durch die hindurch wir die Außenwelt und uns selbst wahrnehmen.
Doch wie kommen diese Überzeugungen und Emotionen zustande?
Dazu unternehmen wir einen Ausflug in die Welt der Charakterstrukturen, die Wilhelm Reich bereits vor hundert Jahren empirisch erforscht hat. Die Begründer der Bioenergetik Alexander Lowen und Ron Kurz haben dieses Modell weiterentwickelt.
Wilhelm Reich stellte fest, dass die Menschen immer eine bestimmte Auswahl an Fähigkeiten sowie eine bestimmte Auswahl an Gedanken und Emotionen nutzen, um ihren Alltag zu bewältigen. Diese Auswahl an Fähigkeiten ist immer weniger als das Ganze, also weniger als die volle Bandbreite an Möglichkeiten, die uns theoretisch zur Verfügung stehen.
An sich sollte man annehmen, dass jeder Mensch Zugriff auf alle Fähigkeiten hat, die ihm das Leben so bietet. Theoretisch ist das möglich, praktisch ist das jedoch nicht der Fall. Denn scheinbar pickt sich jeder nur bestimmte Fähigkeiten heraus. Das passiert schon in der Kindheit und hängt davon ab, wie und wie weit unsere Bedürfnisse erfüllt wurden – oder eben nicht erfüllt wurden. Das Kind „passt“ quasi seine Fähigkeiten, seine „Re-Aktionen“ an seine Lebenssituation an, um zu

bekommen, was es will und braucht. Diese Fähigkeiten führen zu speziellen Kompetenzen und somit zu einer Charakterstruktur mit einer bestimmten Form und Ausprägung. Die Charakterstruktur – meist ist es eine Mischung aus zwei oder mehr verschiedenen – legt sich wie ein unsichtbarer Mantel, wie ein Ganzkörperkondom, um den Menschen und – wie sollte es anders sein – ist dem Einzelnen völlig unbewusst.

Ich verdeutliche das an einem Beispiel aus meinen Seminaren.

Iris: das ungewollte Kind

Iris war definitiv nicht geplant. Es waren schon zwei Kinder da, und damit war die Familie komplett. Schon in der Schwangerschaft sagte ihre Mutter: „Mit diesem Kind mache ich nicht viel her." Es sollte anders kommen. Iris wurde mit einer Verengung des Mageneinganges geboren. Entweder sollte sie operiert oder alle drei Stunden gefüttert werden. Ihre Mutter entschied sich für Letzteres. Das bedeutete füttern, das Übergeben abwarten, wickeln, neu anziehen, schlafen legen – und das alle drei Stunden. Auf diese Weise bekam Iris die Aufmerksamkeit, die sie brauchte. Später merkte sie, dass sich dieses Muster wiederholte: „Krank werden, wenn nichts anderes mehr funktioniert", und so korrigierte sie dieses Verhaltensmuster.

Das ist ein extremes Beispiel, aber es zeigt deutlich, wie die Charakterstruktur alle gewohnheitsmäßigen Handlungsmuster bestimmt und somit unsere Reaktionen auf Alltags- und Stresssituationen beeinflusst. Sie bestimmt unsere Kontakt- und Beziehungsfähigkeit, unsere typischen Ängste und Emotionen, also unsere umfassende Lebensgrundstimmung.

Kennen Sie auch Menschen, die man sofort bemerkt? Sobald sie auftauchen, hebt sich die Stimmung im Raum. Oder andere, bei denen genau das Gegenteil passiert. Die Letztgenannten sind nicht absichtlich „Stimmungsvermieser“. Ihre Lebensgrundstimmung, die sich aus mentalen und emotionalen Mustern in ihrem Schwingungsfeld zusammensetzt, ist nur negativ. Und diese Grundschwingung färbt auf alle anderen ab und zwingt sie selbst in fixierte Handlungs- und Reaktionsmuster.
Dazu hier ein Alltagsbeispiel, das Sie sicherlich aus ihrem eigenen Freundeskreis kennen. Jeder Mensch hat seine ganz typische Art, eine Sache anzugehen. Stellen Sie sich vor, einer Ihrer Freunde hat einen runden Geburtstag. Der Freundeskreis beschließt, eine Überraschungsparty zu organisieren, da das Geburtstagskind beruflich sehr viel unterwegs ist und erst am Geburtstag von einer Geschäftsreise zurückkommt. Die Clique trifft sich in ihrer Stammkneipe, um die Organisation zu besprechen:

Nummer eins hat totale Bedenken, dass das Geburtstagskind sich bestimmt nicht gleich nach der anstrengenden Geschäftsreise in den Trubel stürzen will. Und dann taucht die ganze Bande unangemeldet und ohne Einladung zur Geburtstagsfeier auf. Nein, das würde Nummer eins ganz sicher nicht tun.

Nummer zwei meint, sie sei nicht wirklich sicher, ob eine Überraschungsparty das Richtige sei. Doch wenn die anderen sich dafür entschieden, würde sie mitmachen. Doch es sollte bitte keiner erwarten, dass sie zur Vorbereitung viel Zeit investieren könne. Und viel ausgeben für ein Geschenk könne sie diesen Monat auch nicht.

Nummer drei ist erfreut, dass die Freunde endlich mal wieder etwas zusammen unternehmen. Er hat schon Pläne gemacht, welche kulinarischen Genüsse er vorbereiten möchte, und hofft, dass noch jemand hilft. Im Notfall wird er an diesem Tag Urlaub nehmen, damit alle Salate und Leckereien rechtzeitig fertig sind und die Party auch kulinarisch ein voller Erfolg wird.

Nummer vier ist Feuer und Flamme von der Partyidee und will gleich ein paar Stripperinnen für das Geburtstagskind engagieren. Jeder sollte einen Hunderter beisteuern, er werde die Organisation und Auswahl übernehmen.

Und Nummer fünf teilt den anderen vier Freunden mit, dass er bereits Angebote in drei verschiedenen Restaurants eingeholt hat. Darüber hinaus hat er bereits in zwei Geschäften mögliche Geschenke zurücklegen lassen. Und er hat schon seine alten Fotos durchgeschaut und einige heraussortiert. Damit will er eine Diashow zusammenstellen, zu der er bereits ein Gedicht geschrieben hat.

Was meinen Sie? Können die fünf sich wohl auf eine Party einigen? Wird schwierig! Alle fünf verfügen über eine total unterschiedliche Herangehensweise. Und jeder Einzelne kann gar nicht anders, man könnte auch sagen, jeder Einzelne kann nicht anders wollen. Seine gewohnheitsmäßige Lebensstrategie zwingt ihn in eine ganz bestimmte Betrachtungs- und Herangehensweise.

Wie frei ist Freiheit?

Die gewohnheitsmäßigen Lebensstrategien erfinden wir nicht, und wir erschaffen uns auch nicht freiwillig Restriktionen. Die jeweilige Charakterstruktur ist die zwangsläufige Entwicklung eines Kindes, um in der Welt zu überleben.
Und das ergibt in der Natur Sinn. Wir mögen zwar in unserer Charakterstruktur noch auf jahrzehntelang gefangen sein, aber wir haben überlebt. Und das hat oberste Priorität. Vögel sperren den Schnabel auf, wenn sie Hunger haben, Kätzchen drangsalieren den Bauch ihrer Mutter, um an Milch zu kommen, und Babys schreien.
Das Leben hat außerdem mehrere weitere Primärorientierungen: dem Schmerz entfliehen und das Streben nach der Lust im körperlichen Sein. Diese Primärorientierung ist biologischer Natur, da das körperliche Lustempfinden eines Säuglings das Wohlergehen und die Einheit von Geist und Körper fördert.

Zu Beginn des Lebens mit und in einem menschlichen Körper sind wir zu hundert Prozent auf andere Menschen angewiesen. Denn als Baby können wir nicht selbst für unseren Körper sorgen. Durch diese totale Abhängigkeit geraten wir manchmal in eine Zwangslage. Denn die Menschen, von denen wir abhängig sind, können – auch bei allerbesten Voraussetzungen – unsere Bedürfnisse nicht hundertprozentig befriedigen.

Stellen Sie sich vor, Sie wären vollkommen abhängig von anderen Menschen? Für uns als Erwachsene ist das eine sehr unangenehme Vorstellung und erzeugt mit fortschreitendem

Alter viele Ängste. Das Kind reagiert da ganz anders, weil es sich auch noch nach der Geburt als Einheit mit der Mutter sieht. Als Kind betrachten wir die Frau, die unseren Körper austrägt (also die Mutter), und/oder die Bezugspersonen, die für unseren Körper sorgen, als Quelle der Lust und der Befriedigung. Wir greifen nach ihnen mit Herz, Hand und mit unserem Geist. Die Verbindung und Trennung von Menschen, die von der ersten Sekunde an für uns sorgen, sind elementar in unserem Leben, denn ohne sie wäre ein Überleben in einem menschlichen Körper nicht möglich.
Die Art und Weise, wie für uns gesorgt wird und wie wir behandelt werden, bewerten wir. Im positiven Fall als angenehm, liebevoll, vertraut, im negativen Fall als bedrohlich, unangenehm oder unbefriedigend. Natürlich haben wir zu diesem Zeitpunkt nicht solche Begriffe parat.

Wenn wir nach den Bezugspersonen oder der Mutter greifen, um unser Bedürfnis nach Nähe zu befriedigen, kommt es vor, dass sich die Erwachsenen in bestimmten Momenten nicht so verhalten, wie wir es gerne hätten. Wir erleben das dann als Entzug der liebevollen Zuwendung und sind enttäuscht oder fühlen uns bestraft für unsere Hinwendung. Das führt zu einer grundsätzlichen Angst. Aus dieser Angst heraus entstehen wiederum ABWEHRMECHANISMEN, um der Zwangslage der unerfüllten Bedürfnisse zu entfliehen.

Die Abwehrmechanismen sind die Möglichkeiten, die ein Mensch in den ersten Monaten und Jahren seines Lebens benutzt, um sich gegen tatsächliche oder vermeintliche Verletzung oder Zurückweisung zu schützen. Sie umfassen Denk-, Gefühlsmuster und Handlungsmuster, um das Herz

vor Verletzungen zu schützen. Die Abwehrmechanismen, die ein Mensch verwenden kann, hängen vom Zeitpunkt der Zwangslage im Leben des Menschen ab.
Zu Beginn des menschlichen Lebens ist der Kontakt zu anderen Menschen überlebensnotwendig. Daher drehen sich unsere Ängste um die Bindung bzw. die Trennung von diesen Menschen. Somit richten sich unsere Abwehrmechanismen gegen diese Menschen, die eigentlich unsere Bedürfnisse erfüllen sollten.

Von der Schwangerschaft bis etwa zum siebten Lebensjahr benötigen wir andere Menschen. Die Erfüllung unserer Bedürfnisse steht immer noch an erster Stelle, um unser Überleben zu sichern, aber wir brauchen mehr „Input", um uns im Umgang mit unserer Umwelt sicher zu FÜHLEN.
Und dieses FÜHLEN ist nicht unserem Willen unterworfen. Es entsteht reflexartig aufgrund der Abwehrmechanismen. Und die wiederum entwickeln sich, wenn unsere Bedürfnisse nicht erfüllt wurden oder wir etwas erleben, das wir als Bedrohung empfinden.

Das klingt jetzt hochgradig kompliziert, ist aber ganz logisch. Nachfolgend beschreibe ich die einzelnen Abwehrmechanismen bei den verschiedenen Charakterstrukturen, so wird ganz deutlich, warum das Kind zu eben jenem Erwachsenen wird.

Wenn wir versuchen, die reflexartigen Reaktionen des Körpers zu unterdrücken, also das FÜHLEN zu unterdrücken, führt das zu Anspannung in der Muskulatur bis hin zur Bewegungsunfähigkeit.

Die Abwehrmechanismen, die wir von der Schwangerschaft bis etwa zum siebten Lebensjahr benutzen, werden zu unserer gewohnten Lebensstrategie. Sie haben sich sozusagen in uns „eingegraben", und die meisten Menschen benutzen sie ihr ganzes Leben völlig unbewusst, auch wenn die jeweilige Lebenssituation ein anderes Verhalten fordert, um zum Ziel zu gelangen.

Doch die Abwehrmechanismen unserer ersten Lebensjahre schränken unsere Sicht auf uns selbst und andere ein und dirigieren uns wie auf Autopilot durchs Leben. Wir müssen uns diese unbewussten Mechanismen bewusst machen und die hemmende und einschränkende Wirkung neutralisieren. Erst dann haben wir Zugriff auf neue Handlungsoptionen, um mit uns selbst und mit unseren Mitmenschen anders umzugehen.

Wilhelm Reichs Charakteranalyse

Bei seinen empirischen Forschungen hat Reich fünf typische Lebensstrategien oder Charakterstrukturen unterschieden. Selbstverständlich sind diese fünf Strukturen idealtypisch. Jeder Mensch besitzt eine mehr oder weniger bunte Mischung aus diesen Strukturen. Manchmal ist eine der fünf Charakterstrukturen so dominierend, dass die Qualitäten und Fähigkeiten der anderen Strukturen dadurch verdrängt werden. Menschen mit einem sprichwörtlich starken Charakter haben deshalb einen weniger guten Zugang zu den Qualitäten und Fähigkeiten der anderen Strukturen.

So, und jetzt können Sie mal schauen, welche Charakterstrukturen die „Ihren" sind, wie diese entstanden sind und welche Qualitäten und Fähigkeiten die einzelnen Strukturen besitzen.

Noch eines vorneweg. Keine dieser Charakterstrukturen ist besser oder schlechter als die andere. Sie beschreiben lediglich, welchen Satz an Fähigkeiten und Sichtweisen ein Mensch benutzt und wie er zu diesem Satz gekommen ist. Natürlich reden wir hier von Stereotypen. Sie müssen kein Eremit oder Jammerlappen sein, um die ein oder andere Charakterstruktur aufzuweisen. Aber durch die extremen Beispiele werden die Qualitäten deutlich.

Die denkorientierte Charakterstruktur

Die denkorientierte Charakterstruktur entsteht in einer sehr frühen Lebensphase, entweder schon während der Schwangerschaft und/oder kurz vor oder nach der Geburt. Das ist zum Beispiel der Fall, wenn die Mutter während dieser Zeit in einer schlechten Verfassung ist, die Schwangerschaft ablehnt oder sogar versucht, das Kind abzutreiben. Und natürlich bei extremen Ereignissen während der Schwangerschaft, wie etwa Flucht oder Krieg. Auch Frühgeburten entwickeln meist eine denkorientierte Charakterstruktur, da die Mutter-Kind-Bindung zu früh unterbrochen wurde.
Auch wenn kurz nach der Geburt die Bedürfnisse nach Hinwendung und Kontakt nicht befriedigt werden, zieht sich dieser Mensch aus der körperlich-materiellen Welt zurück und flüchtet in die geistige Welt. Dadurch entsteht eine Lebensgrundhaltung von Entfremdung, Rückzug, Kontaktlosigkeit, Berührungslosigkeit und Körperlosigkeit. Kurz: Das Leben findet nur im Kopf statt.

Ein Mensch mit einer denkorientierten Charakterstruktur hat einen klaren Verstand und ausgeprägte analytische Fähigkeiten. Er denkt alles genauestens durch und besitzt eine konstruktive Kreativität. Er kann gut allein sein und bleibt meist im Hintergrund. Sich aufdrängen oder gar Emotionen zeigen ist nicht sein Ding.

Menschen mit einer denkorientierten Charakterstruktur gehen nicht wirklich in Kontakt mit anderen oder möchten nicht wirklich durch andere berührt werden. Andere Menschen erscheinen ihnen eher anstrengend und bedrohlich. Gedankenaustausch ist gut, heutzutage am besten übers Internet, da können sie sich in ihr Schneckenhaus zurückziehen und fallen nicht weiter auf.

Ein Mensch mit einer denkorientierten Charakterstruktur wird im Alltag von anderen nicht unbedingt als der attraktive Gewinner betrachtet. Eher wirkt er auf andere wie eine Person von einem anderen Stern, manchmal auch wie ein armer Teufel. Der zerstreute Professor mit wallenden Haaren, wehender Krawatte und ausgetretenen Schuhen ist eine typische denkorientierte Figur, ebenso wie der zurückgezogen lebende Einsiedler.

Erfolg für eine denkorientierte Charakterstruktur bedeutet: neue besondere Ideen entwickeln, neue Erkenntnisse gewinnen, in einer Debatte sein Wissen preisgeben oder eine Diskussion zu dominieren.

Die bedürfnisorientierte Charakterstruktur

Die bedürfnisorientierte Charakterstruktur entsteht in den ersten Lebenswochen und -monaten, wenn es in dieser Zeit an Zuwendung durch eine Vertrauens- oder Bezugsperson mangelt.

Wird ein Säugling nicht genug gehalten und getragen, dann entsteht bei ihm ein übergroßer Hunger nach Wärme und Nähe. Das Baby vermisst beides und fordert es dann bei allen anderen Personen ein. Wenn das Kind keinen oder zu wenig Kontakt zu anderen Menschen hat, wird es schwerlich eigenständig und kann sich schlecht selbst behaupten. Auch fehlt ihm die Kraft, sein Durchsetzungsvermögen aufzubauen. Dabei ist es für das Kind unerheblich, aus welchem Grund Wärme und Nähe nicht gegeben waren. Es ist egal, ob niemand da war, der die Zuwendung geben konnte, oder ob jemand da war, der ihm aber keine Zuwendung geben wollte. Die grundsätzliche, alles durchziehende Lebensgrundhaltung, die daraus entsteht, ist ein Gefühl von Verlust und Verlassenheit, Einsamkeit, Heimatlosigkeit, Hilflosigkeit, Schwäche und Hunger.

Aus dieser Grundhaltung heraus sind Menschen mit einer bedürfnisorientierten Charakterstruktur anhänglich und zärtlich. Meist suchen sie bei anderen Nähe, Halt und Geborgenheit. Sie sind dafür sehr dankbar und können gut mit anderen Menschen mitfühlen. Sie zeigen offene Bewunderung und gestehen ihre Schwächen und Sehnsüchte ein.

Im Alltag nutzen bedürfnisorientierte Menschen jede Möglichkeit, um mit anderen in Kontakt zu treten, ja, sie brauchen andere Menschen, um sich regelrecht an diese zu klammern. Sie reden meist ohne Unterlass, damit ihr Gegenüber ja nicht ausweichen oder weggehen kann. Sie sind tatsächlich im Alltag häufig in Not und teilen dies Fremden auch mit. Dadurch versuchen sie, bei anderen Menschen deren Helfer- und Notprogramme zu aktivieren. Bedürfnisorientierte Menschen haben meist einen großen Freundeskreis. Denn eine Person alleine reicht nicht aus, um ihre Bedürfnisse zu befriedigen.

Typisch für eine bedürfnisorientierte Charakterstruktur ist der Bettler oder Hilflose. Auch der naiv wirkende Mensch oder der unverbesserliche Romantiker sind klassische Beispiele für diese Charakterstruktur. Bedürfnisorientierte Menschen fordern von anderen gerne, dass diese ihnen die Verantwortung für das eigene Leben abnehmen.
Erfolg für einen Menschen mit bedürfnisorientierter Charakterstruktur bedeutet zum Beispiel, von einem fürsorglichen und reichen Mann geheiratet zu werden. Oder wenn der Betreffende alle Zuschüsse des Staates bekommt (Arbeitslosenunterstützung, Wohnungsbeihilfe, Heizkostenzuschuss, Behindertenvergünstigungen etc.), um seinen Lebensunterhalt nicht durch eigenständiges Geldverdienen bestreiten zu müssen.

Belastungsorientierte Charakterstruktur

Wächst ein Kind heran und fängt an, mit seinem eigenen Körper die Welt zu erkunden, sind schnell erwachsene Betreuungspersonen zur Stelle, um es vor den Gefahren dieser Welt zu beschützen. Das geschieht meist im Alter von drei bis vier Jahren, und dem Kind bleibt gar nichts anderes übrig, als sich dem alles bestimmenden Willen eines Erwachsenen zu beugen. Und dann findet es schnell heraus, dass es durch Unterwerfung Lob und Anerkennung erntet. Durchkommen im Leben heißt in diesem Fall „keine Kritik zu üben“ und möglichst vorauszuahnen, was die Bezugsperson will. So entgeht man der Bestrafung für „unartiges“ Benehmen. Dabei entwickelt das Kind einen unterdrückten Groll gegen die übermächtige Bezugsperson, die in vielen Fällen die Mutter ist.
Werden dem Kind in dieser Zeit oftmals „im Namen der Liebe“

zu viele Vorschriften gemacht, entwickelt es eine Überanpassung und Entscheidungsschwäche. Es will sich ja die erwünschte Zuwendung und Nähe erhalten. Dabei unterdrückt es den eigenen Ausdruck und gibt sich einer Art Würdelosigkeit hin. Und dieses „sich unterdrückt fühlen" zieht sich als Grundhaltung wie ein roter Faden durch sein Leben.

Diese Grundhaltung führt zu einer angemessenen Vorsicht und zu einem angemessenen Zweifel anderen gegenüber. Ein belastungsorientierter Mensch kann viel erdulden und ist belastungsfähig. Er nimmt Rücksicht auf andere, ohne zu überlegen, und ist auf Gerechtigkeit bedacht.

Auf der anderen Seite hat der belastungsorientierte Mensch die Tendenz, sich anderen zu unterwerfen, um ja nicht verletzt oder entwürdigt zu werden. Dabei nimmt er alles kritiklos hin und lebt nach dem Grundsatz: „Ich darf mich nicht durchsetzen, sonst werde ich nicht anerkannt." Der Belastungsorientierte ist immer mit einem unterschwelligen Groll unterwegs, der durch sein Jammern zu hören ist.

Belastungsorientierte Menschen fallen durch ihre unterwürfige und untergebene Haltung auf. Sie sind die Aschenputtel unserer Gesellschaft.

Als Erfolg betrachtet ein belastungsorientierter Mensch, wenn die anderen ihn anerkennen: für die harte und ausdauernde Arbeit, die er leistet, obwohl ihm das nicht recht ist.

Kontrollorientierte Charakterstruktur

Etwa zur selben Zeit, wenn die belastungsorientierte Charakterstruktur geprägt wird, bildet sich auch die kontrollorientierte Struktur heraus, ausgelöst allerdings durch andere Gegebenheiten.

Wenn einem Kind im Alter von drei bis fünf Jahren keine Grenzen gesetzt werden, reizt es alles aus, um seine Welt zu erkunden. Es gibt Kinder, deren Gefühle missbraucht werden, indem das gegengeschlechtliche Elternteil das Kind als idealen Partner verherrlicht. Das kommt gar nicht so selten vor, und natürlich gerät dadurch das Gefühlsleben dieses Kindes durcheinander. Das betreffende Kind erlebt diese Verherrlichung als Manipulation, denn es kann ja faktisch nicht die Position des Partners einnehmen. Irgendwann trifft das Kind die Entscheidung, selbst zu manipulieren. Das ist die gewählte Strategie, um selbst zu kontrollieren und nicht wieder manipuliert zu werden. Die Lebensgrunderfahrung dieses Kindes ist die Manipulation. Es ist sozusagen zum Fallenstellen verdammt.

Dieser Mensch „muss" in seinem Leben die Kontrolle über alles und alle erlangen. Ein Selbstdarstellungsdrang mit einem Drang zur Arroganz macht den kontrollorientierten Menschen zu einem machtbeanspruchenden Rivalen. Im Alltag und im Umgang mit anderen Menschen verhält er sich mitleidslos und einsichtslos.

Eine kontrollorientierte Charakterstruktur kann sich sehr gut darstellen. So zieht die Person die Aufmerksamkeit von vielen auf sich und gewinnt andere für seine Ideen. Sie lässt sich nichts aufdrängen und ist äußerst willensstark. Es fällt ihr leicht, NEIN zu sagen.

Wenn die anderen nicht tun, was der Kontrollorientierte sagt, wendet er sich ab oder wird aggressiv. Er ist immer auf der Hut, damit ihm niemand eine Falle stellt und er nicht manipuliert wird. In Beziehungen sind es immer die anderen, die Fehler haben oder ihre Grenzen zu eng gesetzt haben.

Die kontrollorientierte Charakterstruktur benimmt sich

wie Superman oder ein Topstar. Er ist der perfekte Kritiker, Schmeichler oder Manipulator.
Der Mensch mit einer kontrollorientierten Charakterstruktur sieht es als Erfolg, wenn alle nach seiner Pfeife tanzen und er von den anderen als etwas Besonderes bewundert wird. Wenn er dazu Mittel und Ressourcen anderer verwenden kann, ist er noch zufriedener.

Leistungsorientierte Charakterstruktur

Die leistungsorientierte Lebensweise entwickelt sich im Alter zwischen fünf und zehn Jahren. Menschen mit rein leistungsorientierter Charakterstruktur erleben im Idealfall keine schwierigen oder gar als Trauma empfundene Situationen in den ersten Lebensmonaten und -jahren. Allerdings fordern die Bezugspersonen viel von dem Kind, sodass es unter Leistungsdruck steht. Das führt dazu, dass selbst Bestleistungen nicht gut genug sind. Man könnte ja immer noch etwas besser sein. Häufig spielt in solch einem Fall der Vater eine wichtige Rolle im Leben dieses Kindes.
Die Grundhaltung im Leben eines idealtypischen leistungsorientierten Menschen ist eine gewisse Oberflächlichkeit. Innige Zuwendung zu anderen ist wie weggesperrt, denn der leistungsorientierte Mensch hat Angst vor rückhaltloser Öffnung und Hingabe. Im Vordergrund steht „immer etwas tun und gewinnen müssen“.
Menschen mit leistungsorientierter Charakterstruktur erfassen komplexe Aufgabenstellungen mit Leichtigkeit, arbeiten präzise und gewissenhaft. Man erkennt einen Leistungsorientierten an seiner Einsatzfreude und seiner ausdauernden Kraft. Dabei ist er sehr umsichtig und geht auf Mitmenschen

aktiv zu. Er kann mit anderen sehr gut zusammenarbeiten und gewinnt spielerisch das Interesse und die Aufmerksamkeit der anderen.

Der ständige Drang, etwas zu leisten, bestimmt das Leben des leistungsorientierten Menschen. Das gilt auch in Beziehungen, in der Liebe und in der Sexualität. Sich ganz auf jemanden einlassen widerstrebt ihm aus der Angst heraus, verraten zu werden.
Der Leistungsorientierte betrachtet es als Erfolg, wenn er etwas Sichtbares zustandegebracht hat: zum Beispiel ein Turnier gewonnen, sich die Beförderung erarbeitet, das Haus fertiggebaut oder im Abendstudium hat das Diplom erworben.

Die Mischung aus allen Strukturen

Diese beschriebenen Charakterstrukturen sind idealtypisch. Und nochmals: Keine der Strukturen ist besser oder schlechter als die andere. Alle Menschen sind eine bunte MISCHUNG aus allen Strukturen in unterschiedlich starker Gewichtung.
Die ersten vier der aufgeführten fünf Strukturen sind die, die uns auf total unbewusste Weise bei allen unseren Handlungen im Weg stehen. In der jeweiligen frühen Lebenssituation entwickeln wir als Kind bestimmte Qualitäten und Fähigkeiten, um der jeweiligen Zwangs- oder Notlage zu entkommen, wenn unsere kindlichen Bedürfnisse nicht erfüllt werden. Diese Lebenssituationen führen zu bestimmten Denkgewohnheiten und daraus resultierendem Reagieren und Handeln.
Die ersten vier Strukturen werden entwicklungsgeschichtlich während der Schwangerschaft und während der ersten vier bis fünf Jahre geprägt. Die leistungsorientierte Struktur ent-

steht erst im Alter von fünf bis zehn Jahren. Die Qualitäten und Gewohnheiten der leistungsorientierten Struktur kompensieren meist die leidverursachenden und einschränkenden Qualitäten der ersten vier Strukturen.
Unsere Erfahrungen und Entscheidungen der ersten Lebensjahre prägen unsere Kontakt- und Beziehungsfähigkeit im Erwachsenenalter – mit uns selbst und mit anderen. Alle gewohnheitsmäßigen Denk-, Gefühls- und Handlungsmuster, die zu unserer ganz spezifischen Charakterstruktur geführt haben, lassen uns im Erwachsenenalter völlig unbewusst reagieren.
Wenn diese gewohnheitsmäßigen Denk-, Gefühls- und Handlungsmuster mit energetischen Schwächen belegt sind, dann haben wir keinerlei Handlungsfreiheit, sobald diese Muster angeregt werden. Wir reagieren „automatisch".

Wir übertragen die Vergangenheit auf die Gegenwart

Der Satz an Denk-, Gefühls- und Handlungsmuster, den wir uns in den ersten Lebensjahren zugelegt haben, um mit unserem Dasein zurechtzukommen, legt sich wie ein unsichtbarer Mantel um uns. Wir sind uns – wie könnte es anders sein – dieser Hülle aus feinen Mustern nicht bewusst. Man könnte auch sagen, wir sind die Sklaven dieser Muster.
Wir greifen automatisch auf diese unbewussten Denk-, Gefühls- und Handlungsmuster zurück, sobald wir mit anderen Menschen in Kontakt treten.

In dem Moment, wenn der Kontakt mit anderen Menschen in ein Vertrauens- oder vermeintliches Abhängigkeitsverhältnis übergeht, werden alle diese Muster aktiviert, die wir als

Kleinkinder aufgrund unserer Lebensumstände entwickelt haben. Dann übertragen wir unsere unbewussten Denk- und Gefühlsmuster aus unserer Kindheit auf Personen in der Gegenwart – vollautomatisch und ohne Kontrolle.
Kennen Sie das auch? Die Beziehung zu einem Partner oder zu einer Partnerin ist viel spannungsgeladener als zu einer fremden Person – obwohl Sie das nicht wollen und beabsichtigen? Oder Sie haben einen neuen Mitarbeiter oder eine neue Mitarbeiterin eingestellt. Und kaum war die Probezeit um, verhielt sich der Neuzugang total anders als in den ersten Wochen?
In dem Moment geht eine Beziehung, sei es privat oder beruflich, in eine Phase über, die die Elemente „Vertrautheit" und „Abhängigkeit" enthält – tatsächliche oder auch nur vorgestellte. Und dann werden alle Ängste und Abwehrmechanismen aktiviert, die uns bei unseren ersten Beziehungen begleitet haben. Diese Abwehrmechanismen sollten uns als Kind gegen Verletzungen und Zurückweisung schützen. Auch wenn wir uns heute nicht mehr bewusst daran erinnern können. Wenn das Element „Stress" in einer Alltagssituation noch hinzukommt, reagieren wir mit erlernten und trainierten Widerstandsgewohnheiten unserer Kindertage.

Es gibt nicht nur eine „Sicht"

Denn in unserem Energiefeld werden alle „unsere" Ereignisse und Erlebnisse inklusive der dazugehörigen Emotionen und Gedanken als Informations- oder Schwingungsmuster gespeichert und sind jederzeit abrufbereit: ähnlich wie alle Daten auf Ihrer Computerfestplatte oder seit Neuestem in der sogenannten Cloud.
Ich habe es bereits mehrmals erwähnt, denn es ist wichtig für

das Verständnis, wie wir reagieren: Diese Schwingungsmuster in unserem Informationsfeld filtern alle Informationen, die von außen auf uns einströmen. Andersherum nehmen wir alle Informationen von außen nur durch diese Schwingungsmuster wahr. Es ist, als würden wir ständig völlig unbewusst durch eine gefärbte Brille sehen. Und wir wissen noch nicht einmal, dass wir überhaupt eine Brille aufhaben.

Ihre Wahrnehmungsbrille hat eine andere Farbe als die Wahrnehmungsbrille Ihres Partners, der auch nicht weiß, dass er durch eine Brille sieht.

Und was, meinen Sie, kommt dabei heraus?
Beide Partner sehen den anderen nicht, wie er oder sie ist, sondern verfärbt. Beide Partner reagieren entsprechend ihrer Brillenfarbe und nicht auf das, was die andere Person wirklich sagt oder macht.
Die Farbe Ihrer Wahrnehmungsbrille wird bestimmt durch das Mischungsverhältnis Ihrer Charakterstrukturen. Seien Sie sich darüber im Klaren, dass es so gut wie keine zwei gleichfarbigen Wahrnehmungsbrillen gibt, da jeder Mensch einen anderen Erlebnis- und Bewertungshintergrund mit sich herumträgt.

Charakterstrukturen sind wie Scheuklappen

Ein Mensch mit einer vorherrschend denkorientierten Charakterstruktur hält sich am liebsten von anderen Menschen fern, da eine latente Angst vor Nähe, vor Kontakt und Berührung das Leben dieses Menschen bestimmt. Er sieht das, was er alleine bewältigen kann, als Erfolg an.

Ein Mensch mit einer hauptsächlich bedürfnisorientierten Charakterstruktur braucht und will, dass andere ihn retten und für ihn sorgen. Die bewusste und unbewusste Angst, allein gelassen zu werden und ohne Halt und Sicherheit zu sein, zwingt ihn in die Nähe von Menschen.

Stellen Sie sich nun vor, was passiert, wenn ein Mensch mit einer vorherrschend denkorientierten Charakterstruktur einen Partner mit einer bedürfnisorientierten Charakterstruktur wählt? Genau: Der Konflikt ist vorprogrammiert. Je stärker der eine die Nähe sucht, desto mehr zieht sich der andere zurück. Und je mehr sich der andere zurückzieht, desto mehr sucht der eine die Nähe: eine Abwärtsspirale. Der denkorientierte Partner hat keinerlei Vorstellung von den gefühlsmäßigen Nöten des Bedürfnisorientierten, denn er hat sich der Gefühlswelt schon zu Beginn seines Daseins entzogen: Die Gefühlswelt des Bedürfnisorientierten existiert für den Denkorientierten einfach nicht. Es ist gerade so, als würde der eine englisch reden und der andere russisch.

Ein Mensch mit einer ausgeprägten belastungsorientierten Charakterstruktur hat ständig Angst davor, kritisiert, gedemütigt und ausgenutzt zu werden. Es fällt ihm sehr schwer, Nein zu sagen, um nicht abgelehnt zu werden. Er ist ständig auf „dem Sprung“, um es den anderen recht zu machen.

Trifft ein belastungsorientierter auf einen bedürfnisorientierten Partner, so hat er schon fast verloren. Der Bedürfnisorientierte fordert ständig ein, und der Belastungsorientierte muss zwanghaft immer geben. Manchmal geht das bis zur totalen Erschöpfung; der Belastungsorientierte kann gar nicht anders, um nicht verletzt zu werden. Der Bedürfnisorientierte will ständig Nähe und Geborgenheit, der Belastungsorientierte ist ständig auf der Hut und hat Angst davor, verletzt zu werden.

Trifft dagegen ein Belastungsorientierter auf einen Menschen mit einer kontrollorientierten Charakterstruktur, dann fühlt er sich wohl. Er weiß, woran er ist. Der Kontrollorientierte macht klare Ansagen und fordert ein, dass andere tun, was er vorgibt. Das entspricht den Grundtendenzen des Belastungsorientierten, der sich immer bemühen und sich unterordnen muss, damit es ihm gut geht.
Der Kontrollorientierte muss in jeder Beziehung und in jedem Fall oben sein und spielt auf allen Ebenen seine Macht- und Verführungsspiele. Ein Kontrollorientierter manipuliert gnadenlos die Gefühlswelt des Bedürfnisorientierten und die unterordnende Angst des Belastungsorientierten. Treffen zwei Kontrollorientierte aufeinander, fliegen in der Regel die Fetzen. Sollten Sie einen Kontrollorientierten in Ihrem Unternehmen einstellen, könnte er Ihr Unternehmen ganz schön „aufmischen". Nach der Probezeit könnte er am Stuhl seines Vorgesetzten oder sogar an Ihrem sägen. Auf jeden Fall ist Ärger mit den Kollegen vorprogrammiert.
Treffen ein Leistungsorientierter und ein Bedürfnisorientierter aufeinander, entstehen ebenfalls Konflikte. Der idealtypisch Leistungsorientierte hat keine Idee, welchen Stress es für einen Bedürfnisorientierten bedeutet, für sich selbst zu sorgen. Er kann nicht nachvollziehen, dass der Bedürfnisorientierte immer jemanden verantwortlich machen möchte. Und er hat kein bisschen Verständnis für dessen Flucht in Träume und Wunschvorstellungen. Jeder sollte gefälligst die Ärmel hochkrempeln und das tun, was zu tun ist. Und damit basta.
So, das waren jetzt jede Menge Informationen und jede Menge Kombinationen von Charakterstrukturen. Haben Sie sich selbst, Ihren Partner, Freunde oder Kollegen wiedererkannt? Wie gesagt: Meist kommen sie als Mischformen daher.

Interessant, durch welche Brille wir die Dinge sehen und nach welchem „Drehbuch“ Beziehungen laufen?
Natürlich völlig unbewusst. So wird auch klar, warum nicht jeder Mensch glücklich und erfolgreich wird, auch wenn er sämtliche Erfolgsratgeber beherzigen würde.

Erfolgsratgeber sind geduldig

Denn diese können gar nichts über Ihre Charakterstruktur wissen, geschweige denn darüber, wie man sie erkennt und ändert. (Das ist schwierig, aber möglich.)

Zum einen kann nicht jeder tatkräftig in die Hände spucken und das tun, was zum Erreichen eines gesetzten Ziels nötig ist. Die jeweiligen unbewussten gewohnheitsmäßigen Abwehrmechanismen verhindern es.
Zum anderen ist das Erfolgsverständnis durch die jeweils dominierende Charakterstruktur geprägt. Und meist widerspricht das eigene Erfolgsverständnis dem allgemeinen Erfolgsklischee von Sieg, Gelingen, Gedeihen oder Fortschritt oder Ähnlichem.

Damit Sie sich erfolgreich fühlen können, ist es erforderlich, all die unbewussten Muster und Abwehrmechanismen, die in unserem Informationsfeld gespeichert sind, aufzuspüren und durch energetische Korrekturen zu neutralisieren.

Erst dann können wir quasi loslegen. Denn die schwächenden Einflüsse in unserem Energiefeld sind weg. Und sollten sie ab und zu noch mal „aufmucken“, können Sie sie erkennen. So ein unbewusstes Muster kann sich in Ihrem Leben nicht mehr in den Vordergrund drängen und Sie „Dinge tun lassen", die Sie überhaupt nicht tun möchten und dann aber trotzdem vornehmen. Sie haben dann die Wahl: Wenn Ihnen die Muster bewusst sind, können Sie diese beobachten und entscheiden, ob Sie das Muster aus der Vergangenheit benutzen wollen oder nicht.

Das Transformieren der leidverursachenden Gewohnheitsmuster

Wilhelm Reich hat das Folgende bereits Anfang des 20. Jahrhunderts herausgefunden: Erfahrung in der Schwangerschaft, bei der Geburt und in den ersten Lebensjahren beeinflussen Charakter und Lebensstil. Mittlerweile kommt auch die neuere Hirnforschung zu dieser Erkenntnis. Denn unser Gehirn verändert sich durch das, was wir in zwischenmenschlichen Beziehungen erleben, ganz besonders in den ersten Lebensmonaten und -jahren. Joachim Bauer, Professor an der Uniklinik in Freiburg, hat das in seinem Buch „Das Gedächtnis des Körpers: Wie Beziehungen und Lebensstile unsere Gene steuern" auch für Nichtmediziner sehr anschaulich dargestellt.
Professor Bauer führt darin aus, dass Beziehungserfahrungen einen Fingerabdruck in unserem Gehirn hinterlassen und damit auch in allen biologischen Abläufen unseres Körpers. Ein Fingerabdruck im Gehirn beeinflusst stets unser Verhalten und Gefühl.
Wir sind also nicht das Opfer unserer Gene! Habe ich schon erwähnt, dass wir sowieso nur wenig mehr Gene besitzen als eine Maus?

Alexander Lowen hat Wilhelm Reichs Beobachtungen aufgegriffen und weiterverfolgt. Er schreibt in seinem Grundlagenwerk „Bioenergetik“:

> *„Alle körperlichen und sinnlichen Vorgänge sind unteilbar und nur verschiedene Ausdrucksformen eines einzigen einheitlichen Lernprozesses. Deshalb ist es wichtig, sich seines Körpers bewusst zu werden und die in ihm ablaufenden energetischen Prozesse und Wechselwirkungen zwischen Körper und Seele zu verstehen. Sobald sich der Mensch seines Körpers wirklich bewusst wird, mit ihm ‚arbeitet‘, ihn ‚erlebt‘, gewinnt er ein völlig anderes Verhältnis zu sich selbst und wird auch Angstzustände und Stress-Situationen überwinden.“*

Wir werden geprägt durch unsere Beziehungserfahrung. Wir reden, spielen, arbeiten miteinander, wir berühren, umarmen, schlagen, lieben einander, wir essen und schlafen zusammen. Ohne die Interaktion, ohne den Austausch mit anderen ist es nicht möglich, lebendig zu sein. Unser Körper, Geist und Seele (was immer das ist) brauchen den Austausch mit anderen Menschen, um sich zum Menschsein zu entwickeln und zu entfalten. Ohne die Interaktion ist menschliche Entwicklung nicht möglich, wie zum Beispiel in folgendem Laborversuch nachgewiesen wurde. Wenn die Mütter kleiner Kinder nicht auf diese reagieren, sondern mit starrem Gesicht steif da sitzen, wenden sich die Kinder in kürzester Zeit ab und wollen nicht mehr mit ihrer Umwelt in Interaktion treten. Wir sind also von Kindesbeinen an auf den liebevollen Austausch mit anderen angewiesen, um uns gesund zu entwickeln.

Wenn die ersten Lebenserfahrungen eines Kindes daraus bestehen, sich bedroht, bedrängt, vernachlässigt oder hungrig zu fühlen, oder wenn es Schmerzen hat, werden diese Lebenserfahrungen, verbunden mit dem entsprechenden GEFÜHL, abgelehnt. Wir sind dann nicht einverstanden mit „was immer mit uns gerade“ passiert. Nicht einverstanden sein ist ein mentaler, ein gedanklicher Prozess. Das „nicht einverstanden sein“ ist eine Bewertung einer zuvor neutralen Empfindung (zum Beispiel nasse Windeln haben, der Magen knurrt) und wird durch den Austausch mit den ersten Bezugspersonen unseres Lebens gelernt.
In dem Moment des Nichteinverstandenseins entsteht im energetischen Feld eine Verwirbelung.
Auch auf der körperlichen Ebene wirkt sich das Nichteinverstandensein aus. Die Person hält den Atem an, denn schmerzhafte Gefühle lassen sich so am leichtesten unterdrücken. Wenn wir den Atem anhalten, bekommen wir aber nicht genug Energie und schneiden uns sozusagen vom Energiefluss des Kosmos ab. Passiert das häufig, wird es zur Gewohnheit, und wir leiden unter andauernder Muskelanspannung und Verspannungen. Diese Spannungen verhindern dann die ungehinderte Atembewegung des Körpers. Es kommt zu einer energetischen Stauung, zu Verwirbelungen und Blockaden.

„Aha, Tante Ada hat mich nicht beachtet, deswegen habe ich jetzt keinen Erfolg!“ Ich kann förmlich sehen, dass Ihnen jetzt ähnliche Gedanken durch den Kopf gehen. Hier bitte STOPP!

Auch wenn Sie zu Beginn Ihres eigenen Lebens auf andere angewiesen waren, sind die anderen NICHT schuld an Ihrem Erfolg oder Misserfolg im Leben. Die anderen sind auch nicht

für Ihre Stärken und Schwächen verantwortlich. Dafür sind allein Sie selbst verantwortlich.
‚Mist', höre ich Sie denken. Aber das Gute daran ist: Wenn Sie diese Schwächen erschaffen haben, dann können Sie sie auch verändern!

Energetische Felder durch Bewusstsein beeinflussen

Ich kann es gar nicht oft genug erwähnen: Unser Körper reagiert auf die Gefühlsempfindungen und Gedankenmuster automatisch. Wenn wir Empfindungen mit „Nicht OKAY" bewerten, also nicht einverstanden sind und abwehren, dann entstehen im energetischen Feld Verwirbelungen. Und die beeinflussen unser Empfinden und Denken.

Nutzen Sie Ihren Körper, um die entstandenen energetischen Verwirbelungen aufzuspüren! Und lösen Sie diese durch Ihr Bewusstsein, durch Ihre Absicht, also durch Ihr Denken wieder auf.

Hören Sie einfach auf Ihren Körper! Der Körper reagiert nämlich auch, wenn wir unsere Aufmerksamkeit auf etwas richten, das in unseren energetischen Körpern zu Turbulenzen geführt hat.
Das, was wir als Aufmerksamkeit oder Bewusstsein bezeichnen, ist der Katalysator, um energetische Verwicklungen zu „ent-wickeln" und aufzulösen.
Praktisch geht das ganz einfach. Allerdings sollten Sie das schon mal erfahren haben, damit Sie spüren: „Ups, ich kann ja energetische Verwicklungen auflösen!" Sie benutzen einen neutralen gedanklichen Impuls, dessen einzige Aufgabe es

ist, die Verwicklungen und Verknotungen, die Trübungen und Turbulenzen im Energiefeld aufzulösen. In der Sprache von CQM nennen wir das Korrigieren. In Kapitel 3 haben Sie bereits darüber gelesen. Wenn Sie sich nicht mehr genau daran erinnern können, lesen Sie es noch einmal nach.

Ich will Ihnen einen Eindruck verschaffen, was für eine immens wichtige Rolle Ihr Energiefeld in Ihrem Leben spielt. Sie wenden CQM schon an und können korrigieren? Perfekt, dann können Sie ja gleich zur Tat schreiten. Im nächsten Kapitel finden Sie Anregungen, wie Sie am leichtesten an die Verwicklungen und Verknotungen, die Trübungen und Turbulenzen herankommen, die Ihrem Erfolg im Weg stehen.

8

Das Geheimnis zum Erfolgsrezept

Gleich vorne weg die schlechte Nachricht: Es gibt kein Patentrezept, das für alle gilt.
Da jeder unter Erfolg etwas anderes versteht, je nach Charakterstruktur, nach Lebensumständen, entsprechend dem Alter, der Nationalität, den eigenen Werten und Glaubenssystemen, ist es offensichtlich, dass jeder einen anderen Weg zum persönlichen Erfolg einschlagen muss.
Und jetzt die gute Nachricht: Trotzdem kann jeder unter Einhaltung einiger Prinzipien zu seinem ganz persönlichen Erfolg kommen.
Wenn Sie sich heute in irgendeinem Lebensbereich nicht so erfolgreich fühlen, wie Sie es gerne täten, stellen Sie sich folgende Frage:

Was soll sich ändern?

Diese Frage kriegt auch jeder zu hören, der zu mir kommt und sich über seine Beziehung, seine Geschäfts- oder Arbeitssituation, seinen Ärger mit den Nachbarn, seinen Stress mit den Mitarbeitern oder den Vereinskollegen beklagt. Die Antworten sind zu neunundneunzig Prozent die gleichen: Wenn die anderen das oder jenes tun würden, sich so oder so ändern würden, dann wäre ich zufrieden und könnte das tun, was zum Erfolg führt.

Völliger Blödsinn und typische Opferhaltung!

Zum einen ist es nicht möglich, jemanden anderen zu verändern. Zum anderen haben wir ja die Chance, etwas zu verändern: nämlich uns selbst. Die anderen Menschen reagieren völlig unbewusst zu circa neunzig Prozent auf das, was Sie in Ihrem energetischen Informationsfeld haben und auch aussenden. Logischerweise ist die Reaktion unseres Gegenübers nur ein Spiegel unserer eigenen Gedankenmuster oder Vorstellungen. Und wenn wir ein wirres Erfolgsverständnis haben, hat es unser Chef eben auch. Ganz ehrlich, wenn Sie Chef wären und einen Mitarbeiter hätten, der nicht zu hundert Prozent davon überzeugt ist, dass er eine Beförderung verdient hat, würden Sie ihm den Posten geben? Na, bitte! Einer meiner Bekannten hat gezeigt, dass es anders herum funktioniert.

Johannes: Das ist meine Stelle

Johannes versorgte seinen kleinen Sohn und studierte „nebenbei" auf dem zweiten Bildungsweg Physik. Seine Diplomarbeit schloss er mit einer Eins ab, doch danach studierte er Stellenanzeigen. Wochenlang. Aus Wochen wurden dann drei Monate, und seine Frau sagte – mittlerweile nur noch halb im Scherz: „Du weißt aber schon, dass man nur vom Lesen keine Stelle kriegt?" Johannes ließ sich dadurch nicht aus dem Konzept bringen. Schließlich bewarb er sich bei einer einzigen Firma, die offensichtlich alle seine Wunschkriterien erfüllte.
Die ausgeschriebene Stelle klappte dann nicht. Der Abteilungsleiter meinte, eine Diplomarbeit und Kindererziehung wären nicht die richtige Qualifikation. Dafür bot man Johannes aber eine

andere Position an: eine Verbindungsstelle zwischen Produktion, Herstellern in Asien und dem Mutterkonzern in Amerika. Der Personalchef war begeistert, bis Johannes damit herausrückte, dass er nur halbtags arbeiten könne. Um zwei Uhr käme sein Sohn von der Schule nach Hause, und bis dahin müsste das Essen auf dem Tisch sein.

Sie meinen, das war ganz schön dreist? Als Berufsanfänger hätte er froh sein sollen, überhaupt eine interessante, noch dazu sehr gut bezahlte Stelle zu finden?
Vielleicht. Vielleicht auch nicht. Johannes wollte aber diese Stelle bei dieser Firma als Halbtagsjob. Und er bekam sie. Der Geschäftsführer seiner Firma fand es toll, dass sich ein Mann Zeit für sein Kind nimmt, und machte Johannes zum Vorzeigevater der Firma.
Johannes war völlig klar in seinen Gedanken und Zielen, und das „färbte" auf seinen Arbeitgeber ab. Erinnern Sie sich noch an Björn aus Dänemark? In keinem Augenblick seines Lebens zweifelte er daran, dass er Pilot bei der SAS werden würde. Die äußeren Umstände waren bescheiden, aber er schaffte es. Weil er etwas anderes gar nicht in Erwägung zog.

Sie brauchen klare Ziele

Wenn Sie nicht wissen, was sich in Ihrem Leben ändern soll, woher wollen Sie dann wissen, wo es langgeht? In jedem – ausnahmslos jedem – Erfolgstraining oder in jedem Erfolgsbuch steht geschrieben, die Voraussetzung, um Erfolg zu haben, ist, dass man sein Ziel kennt. Wir haben so viele verschiedene Beschreibungen von Erfolg gehört. Vielleicht hat sich das, was Sie als Erfolg ansehen, ja schon längst eingestellt?

Mein Chef im Finanzdienstleistungsunternehmen, in dem ich vor fünfundzwanzig Jahren anheuerte, hatte mir gleich zu Beginn unserer Zusammenarbeit auf anschauliche Weise verdeutlicht, wie wichtig es ist, sich klare Ziele zu setzen.
Er nahm ein Blatt Papier und malte einen unregelmäßigen Kreis darauf. „Stell dir vor, das ist ein See“, sagte er. Dann malte er ein kleines bootähnliches Zeichen an den Rand innerhalb des unförmigen Kreises. „Stell dir nun vor, du setzt dich in dieses Boot und lässt die Leinen los. Der Wind kommt auf und bläst sehr wechselhaft. Wo landest du dann?“, schaute er mich an. „Na dort, wo der Wind mich hinbläst“, entgegnete ich. „Genau“, sagte er. „Und zwar solange, bis das Boot entweder am Ufer irgendwo zerschellt oder verrottet ist und mit dir zum Grund absinkt.“ Dann malte er gegenüber dem Boot ein kleines Kreuz an den anderen Rand des Sees. „Wenn das hier dein Zielhafen ist, was kannst du dann tun, nachdem die Leinen am Startpunkt gelöst sind?“ Ich schaute ihn amüsiert an. „Na, dann habe ich eine Idee, wo ich ankommen soll, und kann dementsprechend mein Steuer und Ruder bedienen. Ich kann das Boot zum Zielhafen lenken, egal, von wo der Wind bläst.“ „Genau“, meinte mein Chef. Er zeichnete von dem Bootssymbol Zickzacklinien innerhalb des Sees bis zu dem Zielkreuz. „Manchmal geht die Fahrt scheinbar kreuz und quer, doch wenn du weißt, wo du ankommen willst, kannst du immer wieder deinen Kurs regulieren. Wenn nicht, schipperst du nur auf dem Wasser herum – in der Hoffnung, es irgendwann wieder unversehrt zum Ufer zu schaffen. Und genauso wie diese Bootsfahrt verläuft unser ganzes Leben.“ Dabei warf er mit einem Schwung seinen Stift auf das Papier, lehnte sich in seinem Stuhl zurück und schaute mich an. „Wenn du zu einem Kunden gehst, lege vorher fest, wo du ankommen

möchtest, und zwar innerhalb eines bestimmten Zeitraums. Lege vorher ebenso fest, welche Geschäfte du anstrebst. Nur so kannst du festlegen, wie viel Energie du einsetzen wirst, um zum Ziel zu kommen. Denn sonst kann es sein, du schipperst ständig kreuz und quer und verhungerst unterwegs." Er lächelte: „Es wäre echt schade um dich."

Er beugte sich vor. „Nicht nur in unserem Geschäft hier ist es so. Wenn du nicht weißt, wo du in deiner Beziehung ankommen möchtest und das nicht abgestimmt hast mit deinem Partner, brauchst du dich nicht zu wundern, wenn ihr irgendwann das Gefühl habt, auf unterschiedlichen einsamen Inseln zu leben." Er nahm wieder seinen Stift und malte die „Inseln" in den See. „Oder wenn du nicht weißt, wo du ankommen willst in deinem eigenen geistigen Wachstum. Wenn du nicht weißt, welche Tätigkeiten und Informationen dein Herz erfreuen. Und wenn du nicht dafür sorgst, genau das zu tun und dich damit zu umgeben, dann brauchst du dich nicht zu wundern, wenn du dich unausgefüllt, unzufrieden, deprimiert und erfolglos fühlst." Und dann gab er mir einen der wichtigsten Ratschläge in meinem Leben: „Also werde dir darüber klar, was dein Herz zum Schwingen bringt, und sorge dafür, dass es viele Gelegenheiten zum Schwingen hat." Und das habe ich getan.

Wenn ich mich nur trauen würde, zu wissen, wohin ich will

Die Erfahrung der vergangenen Jahre mit Tausenden von Seminarteilnehmern hat mich gelehrt, dass es vielen Menschen schwerfällt, ein klares Ziel zu formulieren. Wenn ich die Fragen stelle:

> Was willst du erreichen?,
> Wo willst du hin?,
> Was willst du haben?,
> Wie soll es anders werden?,

werden im energetischen Informationsfeld alle Verwicklungen angeregt, die mit dem eigenen Wollen zusammenhängen. Der Gedanke ‚Etwas wollen und bekommen, was ich will' ist häufig mit Angst unterlegt, Angst vor Bestrafung und Angst wegen des Wollens abgelehnt zu werden.

Und das geht schon bei Kleinigkeiten los. Oftmals habe ich erlebt, dass mein Mann Gäste bei uns zu Hause fragt, was sie trinken wollen. Auf diese Frage können wenige Menschen klar antworten: Sie hätten gerne ein Wasser, einen Kaffee oder einen Champagner, einen Saft oder einen Sherry. Meist sagen sie, es sei egal. Was gerade da sei. Sie glauben, ich habe das erfunden? Mitnichten. Beobachten Sie doch mal demnächst Ihre Gäste! Irgendwie sehe ich sie förmlich die Hände ringen bei dieser simplen Entscheidung. Ich habe mir daher angewöhnt, je nach Tageszeit eine der folgenden Fragen zu stellen:

Wasser oder Kaffee?
Wein oder Sekt?
Sekt oder Champagner?

Diese Fragen stellen eine einfachere Wahl dar, weil der Rahmen, in dem man entscheiden „darf“, festgesetzt ist.
Kennen Sie die Geschichte von den zwei Kellnern? Der eine fragt seine Gäste: „Möchten Sie ein Ei zum Frühstück?“ Und der andere fragt: „Möchten Sie Ihr Ei hart oder weich gekocht?“
Wer, glauben Sie, macht mehr Umsatz? Für das Geschäft ist das gut, denn kaum einer der Gäste zieht eine dritte, vierte, fünfte, sechste oder siebte Möglichkeit in Erwägung. „So viele Möglichkeiten gibt es ja gar nicht“, meinen Sie. Oh doch: gar kein Ei, Eier im Glas, Spiegelei, Rührei, pochiertes Ei ...
Auch bei uns zu Hause verhindert die Entscheidung innerhalb eines festgesetzten Rahmens in den allermeisten Fällen den Genuss einer feinen Tasse Tee. Doch Tee gäbe es bei uns zu jeder Tages- und Nachtzeit, jegliche erdenkliche Sorte. Auch Kakao wäre möglich. Ebenso Ramazotti, Apfelsaft, Holunderblütensirup von unserem Biohofladen und, und, und.

Achten Sie nicht nur darauf, was Ihre Gäste antworten, wenn Sie fragen, was sie gerne zu trinken hätten. Beobachten Sie sich mal selbst, wie Sie reagieren, wenn Sie Gast sind und gefragt werden. Dümpeln Sie irgendwie auf dem See herum, oder wissen Sie genau, wo sie ankommen wollen? Die „Getränkefrage“ gibt Ihnen ziemlich genaue Informationen, was „Sache ist“. Denn genau so, wie Sie darauf antworten, antworten Sie auf alle Fragen des Lebens.

Wenn Sie mit dem Formulieren von klaren Zielen Ihre liebe Not haben, gebe ich Ihnen folgende Tipps:

1. Überlegen Sie, womit Sie in Ihrem Leben nicht wirklich zufrieden und glücklich sind. In welchem Bereich fühlen Sie sich nicht erfolgreich? Picken Sie den Bereich heraus, der Ihnen am meisten unter den Nägeln brennt.
2. Befragen Sie viele verschiedene Menschen, die Sie gut kennen, oder die Sie nicht so gut kennen. Mit verschieden meine ich Menschen, mit denen Sie gut zurechtkommen, und auch solche, mit denen Sie manchmal Streit haben. Hören Sie sich an, was diese selbst tun würden, um aus der unglücklichen Situation herauszukommen; wie diese Menschen an Ihrer Stelle agieren oder reagieren würden. Befragen Sie mindestens zehn Menschen.

Es geht hier nicht darum, dass Sie sich einen Rat einholen sollen, oder gar tun, was die anderen vorschlagen. Es geht lediglich darum, die Betrachtungsweise von anderen Menschen zu erfahren.

3. Schreiben Sie alles auf, was diese Menschen sagen. Ohne zu bewerten und ohne zu prüfen, ob das Ihrer Meinung nach geht oder nicht geht. Diskutieren Sie auch nicht mit den anderen, ob Sie selbst deren Ideen gut finden oder nicht. Sammeln Sie nur Informationen.
4. Nachdem Sie mindestens zehn Menschen befragt haben, nehmen Sie Ihre beschriebenen Blätter und lesen Sie jede Idee durch, wie die anderen zum Ziel kommen würden. Spüren Sie in sich hinein. FÜHLT die Idee sich gut an für Sie oder eher nicht?

5. Wenn sich eine Idee nicht gut anfühlt, können Sie aus dieser Idee am meisten über sich selbst und Ihre unbewussten Grenzen und Limitierungen lernen.

Nochmals: Es geht NICHT darum, eine der vorgeschlagenen Ideen zu übernehmen.

6. Dann notieren Sie zu jeder Idee der anderen Menschen, was Ihre Mutter, Ihr Vater, Ihre Großeltern (wenn Sie diese kennengelernt haben), Ihre Geschwister (wenn sie welche haben) oder Ihre beste Freundin oder bester Freund zu den Ideen sagen würden.
7. Anschließend schreiben Sie Ihre eigene Meinung auf, was Sie selbst zu den Ideen der anderen sagen würden, wenn nichts und niemand in der Welt Sie aufhalten könnte. Die Erfolgsidee, die sich dann am besten anfühlt, lohnt es, zu verfolgen. Oder Sie leiten aus den gehörten Ideen jetzt leicht Ihre eigene Idee ab.

Selbstverständlich können Sie anhand Ihrer Notizen auch alle erfolgsverhindernden Konzepte korrigieren.

Darauf sollten Sie „beim Zieleaufschreiben“ achten

In seinem noch immer hochaktuellen Buchklassiker „Sorge dich nicht, lebe“ schrieb Dale Carnegie bereits vor über sechzig Jahren: „Ein Ziel sollte der SMART-Formel entsprechen. SMART steht für Spezifisch – Messbar – Attraktiv – Realistisch – Terminiert.“

Schauen wir uns die Formel genauer an:

Spezifisch
Wenn Ihre alltäglichen Handlungen auf ein bestimmtes Ziel hinführen sollen, brauchen Sie eine eindeutige Vorstellung von dem, was Sie haben wollen. Allgemeinsätze wie zum Beispiel: „Meine Praxis soll besser laufen, ich möchte ein höheres Gehalt, mein Partner sollte mich mehr lieben, ich will besser Tennis/Golf spielen, es soll mir besser gehen“, haben in einer Zielformulierung nichts zu suchen.
Formulieren Sie Ihr Ziel eindeutig positiv. Anstatt zu schreiben, was Sie nicht wollen, schreiben Sie, was Sie wollen. Benutzen Sie dazu motivierende eindeutig positive Formulierungen, zum Beispiel: „Meine Praxis wird von XX Kunden pro Woche besucht, denen ich durch meine Dienstleistungen/Produkte einen für sie hohen Nutzen erbringe und den sie freudig mit dem von mir genannten Preis (genaue Höhe einsetzen) innerhalb meines Zahlungszieles bezahlen.“

Messbar
Ihr Ziel, das Sie aufschreiben, muss messbar sein. Nach welchen Kriterien Sie messen, hängt vom jeweiligen Ziel ab. Monetäre oder geschäftliche Ziele lassen sich nach Eurobeträgen pro Woche/Monat/Kunde/Produktgruppe/Umsatz/Gewinn messen.

Bei Beziehungszielen wird es schon kniffliger. Welche Kriterien legen Sie an? In seinem Buch „Die fünf Sprachen der Liebe“ führt Gary Chapman fünf verschiedene Kriterien auf, nach denen Menschen bewerten, ob sie sich geliebt fühlen. Für manche ist entscheidend:

1. ob der Partner etwas für sie tut,
2. wie viel gemeinsame Zeit sie mit dem Partner verbringen,
3. die Anzahl der Geschenke,
4. die gemeinsamen Unternehmungen,
5. Sex und Zärtlichkeit.

Seien Sie kreativ, wie Sie Ihre Ziele für sich selbst messbar machen. Teilen Sie den Beteiligten Ihre Kriterien mit, nach denen Sie eine Beziehung messen und bewerten, ob sie erfolgreich für Sie ist.

Hier ist es wie bei den Charakterstrukturen. Die „Sprache“ eines jeden ist eine Mischung aus den fünf aufgeführten Kriterien, wobei eine oder zwei Kriterien die dominierenden sind.

Wir messen unsere Zufriedenheit an der eigenen unbewussten Sprache. Und teilen unsere unbewussten Anforderungen dem Partner meist nicht einmal mit. Wie schräg ist denn das?

Deswegen: Reden Sie klipp und klar mit Ihrem Partner!

Denn meist wissen die Menschen nicht, nach welchen Kriterien sie unbewusst ihre Beziehungen messen und können so auch nicht formulieren, was sie von anderen erwarten. Da jeder in seiner ganz eigenen Charakterstruktur „zu Hause“ ist, kann niemand davon ausgehen, dass der andere Partner dieselbe Sprache der Liebe spricht.
Auf Gary Chapmans Website www.5lovelanguages.com können Sie herausfinden, welche unbewusste Sprache der Liebe Sie sprechen.

Attraktiv

Ihr Ziel muss eine Relevanz, eine Wichtigkeit in Ihrem Leben spielen. Es muss attraktiv für Sie sein und Ihr Herz zum Schwingen bringen. Seien Sie sich im Klaren darüber, ob das Ziel, das Sie aufschreiben, wirklich Ihrem eigenen Wunsch entspricht und Ihre eigenen Bedürfnisse befriedigt. Oder definieren Sie das Ziel nur, um jemandem anderen damit zu imponieren – meist völlig unbewusst? Ich hoffe allerdings, dass Sie das durch die vorherige Aufgabe bereits herausgefunden haben. Wenn nicht, gehen Sie zurück und führen Sie diese noch einmal durch.

Realistisch

Ihr definiertes Ziel muss für Sie realistisch, das heißt für Sie machbar sein. Wenn Ihnen Fähigkeiten oder Wissen fehlen, um Ihr Ziel zu erreichen, setzen Sie Zwischenziele, um die Fähigkeiten zu erwerben oder sich das nötige Wissen anzueignen.

Sollte es Ihr Ziel sein, auf den internationalen Opernbühnen zu singen, obwohl Sie noch nie auf einer Bühne gestanden haben, kann es eine ganze Reihe von Zwischenzielen geben: dem örtlichen Gesangverein beitreten, Gesangsunterricht nehmen, im Kirchenchor Solo singen, im Chor am örtlichen Theater mitsingen, Bewerbung bei „Das Supertalent“ ...

Doch schränken Sie sich beim „realistisch sein“ nicht zu sehr ein. Alles ist möglich, wie ein Beispiel aus England zeigt.

Paul Potts: I'd like to sing opera

Erinnern Sie sich an Paul Potts? Aber sicher doch! Das ist der Mann, der Operngesang bei Jugendlichen populär machte. Zig Millionen Zuschauer verfolgten den Beginn seiner Karriere in einem Werbespot. Die Geschichte war so außergewöhnlich, dass ein Telefonanbieter die Filmszenen kaufte und wochenlang ausstrahlte. Alles fing bei „Britains Got Talent" an, dem englischen Pendant zum deutschen „Supertalent". Paul Potts, dicklich, verschwitzt, mit schiefen Zähnen und offenem Hemdkragen kam auf die Bühne und versuchte tapfer, mit geschlossenem Mund zu lächeln. Der Jury war deutlich anzusehen, was sie erwartete. Auf jeden Fall nichts Gutes. Bis Paul Potts anfing, zu singen. Und plötzlich verwandelte sich der schüchterne Handyverkäufer in einen grandiosen Opernsänger. Die Jury schnappte nach Luft, riss Augen, Mund und Ohren auf oder blinzelte sich verstohlen die Tränchen aus den Augenwinkeln, je nach Temperament. Die Zuschauer riss es von ihren Sitzen, „draußen" klebten sie an den Bildschirmen, und Paul Potts Aufstieg zum gefeierten Sänger hatte begonnen.

Paul Potts ist bescheiden geblieben und meint: „Meine Stimme war immer mein bester Freund, und wenn ich singe, bin ich genau da, wo ich sein will."

Hab ich eben gesagt, dass Paul Potts Geschichte außergewöhnlich ist? Entschuldigen Sie – ich muss mich korrigieren. Nur ein Jahr später stand Susan Boyle auf derselben Bühne vor derselben Jury. Eine kleine pummelige Frau mit angegrauter Dauerwelle und Klamotten aus der Kleiderkiste, die selten aus ihrem Heimatort herauskam und sang wie eine Nachtigall. Sie wurde zwar „nur" Zweite beim „Britains Got

Talent", machte trotzdem Karriere und sang beim sechzigsten Thronjubiläum sogar vor der Queen.

Es gibt viele solcher Geschichten.

Hätten beide Experten befragt, was sie tun müssen, um Opernsänger außerhalb des Badezimmers zu werden, hätten alle abgewunken. Daher treffen Sie niemals Annahmen darüber, was unmöglich ist.

Und legen Sie Ihren Erfolg zeitlich fest.

Terminiert:
Es nützt Ihnen ziemlich wenig, wenn Sie das schönste Ziel festlegen, aber nicht, wann es verwirklicht werden soll. Formulierungen, wie zukünftig oder demnächst, helfen Ihnen nicht wirklich. Denken Sie an Maria: Sie wollte waschen, und zwar jetzt. Ihr hätte es auch wenig geholfen, wenn ihre Waschmaschine in einem Monat wieder geschleudert hätte. Sie brauchte sie jetzt. Das hielt sie auch davon ab, dauernd zu überprüfen, ob der Erfolg schon eingetreten war. Der hat seinen „Stichtag", und damit war es gut.
Zeitliche Festlegungen sind auch wichtig, wenn Sie sich mehr Geld wünschen, zum Beispiel vierzigtausend Euro. Wenn das realistisch ist, erreichen Sie Ihr Ziel. Und danach bleibt das „mehr Geld" aus, aber eigentlich hatten Sie sich vierzigtausend Euro Gehalt pro Jahr gewünscht. Also, seien Sie auch hier ganz genau.

Think big! Und wenn Sie sich entschieden haben, einen Bereich in Ihrem Leben zu verändern, stellen Sie sich folgende Frage:

Was sind die Konsequenzen, wenn Sie sich aufmachen, ein Ziel zu erreichen?

Denn zu der Frage „Was will ich?" gehört unweigerlich eine zweite Frage: „Wie sieht mein Leben als Folge davon dann aus?" Und die hatte einer meiner Seminarteilnehmer nicht bedacht.

Tobias: Ich will zwanzigtausend Euro Provision im Monat

Tobias hatte sich als Immobilienmakler in München über mehrere Jahre einen Namen gemacht und bereits ein fünfstelliges Monatseinkommen. Er lebte mit seiner Partnerin in einer schicken Penthousewohnung im Münchner Süden. Trotzdem setzte er sich das Ziel, sein Einkommen nochmals um dreißig Prozent zu erhöhen. Dies war seine persönliche Herausforderung, denn er wollte wissen, ob CQM auch bei ihm funktionieren wird.
Er nahm dann alle möglichen energetischen Korrekturen vor; rund um das Thema „Viel Geld haben und ausgeben". Es dauerte keine drei Monate, da stieg sein Provisionsbarometer weit über zwanzigtausend Euro pro Monat. Er hatte innerhalb von acht Wochen fast doppelt so viele Angebote und konnte zahlreiche Häuser und Wohnungen an den Mann oder die Frau bringen, viel mehr als in den Jahren zuvor. Stolz rief er mich an und berichtete, wie gut die energetischen Korrekturen gewirkt haben.

Was er bei seiner Zielfestlegung nicht bedacht hatte, war, dass auch sein Tag nur vierundzwanzig Stunden hatte. Plötzlich war er mit so vielen Kundenterminen und administrativen Aufgaben beschäftigt, dass er sechzehn bis achtzehn Stunden am Tag mit Arbeit verbrachte. Was wiederum seine Partnerin zu einer unzufriedenen Strohwitwe machte. Ihre kurzen Grollausbrüche am Ende seines langen Arbeitstages brachten ihn dann auch noch um den kurzen Schlaf. Nach einem halben Jahr revidierte er sein Ziel. Die Gefahr, in Zukunft als Single zu leben, war ihm dann doch zu groß.

Wenn Sie sich also ein Ziel setzen, notieren Sie auch alle Konsequenzen, die der Weg zum Ziel beinhaltet, und alle Konsequenzen, die die Erreichung des Zieles mit sich bringt.

Edith: Ich will zehntausend Euro Umsatz

Bei einem Erlebnisabend im Norden Deutschlands kam eine junge Frau von Ende dreißig zu mir auf die Bühne. Sie hatte sich zum Ziel gesetzt, als freiberufliche Handelsvertreterin für ein Direktmarketingunternehmen zu arbeiten. Dabei wollte sie im Monat zehntausend Euro Umsatz erbringen. Auf meine Frage: „Wie viele Kunden brauchen Sie dazu?", meinte sie, zehn Kunden pro Monat würden ausreichen. Ich wollte von ihr wissen, wie viele Produktpräsentationen sie durchführen muss, um an zehn Kunden zu verkaufen. Sie meinte, mit zehn zweistündigen Präsentationen würde sie das leicht schaffen. Sie müsse nur Veranstalter für die Produktpräsentationen finden. Wenn sie pro Präsentation noch jeweils zwei Stunden Vor- und Nachbereitungszeit einrechnete, wären das vierzig Stunden Einsatz im Monat. Rechnete sie nochmals so viel Zeit für administrative Aufgaben, käme sie mit einem Halbtagesjob auf zehntausend Euro Umsatz.

Als sie mir und dem Publikum das erzählte, wurde ihre Stimme immer zittriger, und ihre Schultern sackten nach vorne. Danach korrigierte ich folgende energetische Schwächen in ihrem Energiesystem:
Unbewusste Angst, die Familie zu vernachlässigen. Unbewusste Angst, mehr zu verdienen als der Ehemann. Unbewusste Angst, verlassen zu werden, wenn sie reich wird. Unbewusste Angst, was ihre Eltern sagen, wenn sie erfolgreicher ist als sie. Unbewusste Angst, beneidet zu werden von den Freunden. Unbewusste Angst, als arrogant betrachtet zu werden. Unbewusste Angst, vor Menschen zu reden. Als schlechte Mutter betrachtet werden, als erfolgreiche Geschäftsfrau bewundert zu werden, als Verkaufsprofi angesehen zu werden.

Alle diese Konzepte waren mit energetischen Schwächen versehen. Alles wäre mit den Konsequenzen verbunden gewesen, wenn sie ihr Ziel erreicht bzw. sich aufgemacht hätte, das Ziel zu erreichen. Diese energetischen Schwächen haben sie daran gehindert, das Telefon in die Hand zu nehmen und die nötigen Termine zu vereinbaren.
Durch diese energetischen Schwächen, die sie wie Bremsklötze daran hinderten, dass sie ihr Haus verließ, um potenzielle Kunden zu finden, war es ihr nicht möglich, sich mit neutralem oder gar gutem Gefühl in die Rolle einer erfolgreichen Geschäftsfrau zu schlüpfen. Nach den Korrekturen lief ihr Geschäft innerhalb von vier Monaten so gut, dass sie sogar Präsentationstermine absagen musste.

Innerhalb eines Jahres war sie die umsatzstärkste Vertriebspartnerin in ihrer Gegend. Dann erzählte sie von vielen anderen Korrekturen, die sie durchführen musste, um sich weiterhin gut zu fühlen bei ihrer Arbeit. Sie hat unter anderem selbst folgende Konzepte korrigiert, die mit weiteren energetischen Schwächen belegt waren:

Bekannt sein, berühmt sein, Neid der Kollegen aushalten, beneidet werden, wegen Erfolg angefeindet werden, erfolgreich sein ist schlecht, erfolgreich sein ist gut, angebettelt werden, als erfolgreiche Frau angefeindet werden, als Sieger gelten, sich erlauben, Sieger zu sein, sich erlauben, bekannt zu sein, sich erlauben, die Beste zu sein, von anderen bewertet werden für den Erfolg.

Wenn auf diesen Konzepten, die mit dem Ziel UND den Konsequenzen verbunden sind, energetische Schwächen liegen, dann verhindern diese schwächenden Einflüsse, dass wir unserem Ziel näher kommen. Jedes Mal, wenn wir auf der Zielgeraden sind, werden diese Verwicklungen angeregt und halten uns völlig unbewusst fern von unserem Ziel.

Bevor Sie nun losstürmen, um Ihr selbst gesetztes Ziel zu erreichen, stellen Sie sich noch folgende Frage:

Was ist der Preis, um ein Ziel zu erreichen?

Wenn Sie sich ein Ziel setzen, wird sich immer etwas verändern. Altes wird wegfallen, Neues wird auf Sie zukommen. Deswegen fragen Sie sich nicht nur: „Was bedeutet mein neues Ziel für meine Vergangenheit? Was sollte ich aufräumen und auflösen an schwächenden und hemmenden Informationen in meinem Energiefeld und bei meiner ersten Referenz zu diesem Thema?

Es bedeutet auch die Vorausschau in die Zukunft. Wie wird mein Leben dann aussehen, wenn ich meinen Erfolg erreiche? Tobias hat sein Ziel erreicht und verdiente seine zwanzigtausend Euro Provision im Monat. Er hatte allerdings nicht einkalkuliert, wie viel Zeit er dazu verwenden musste. Er änderte sein Ziel, als er merkte, dass er kaum noch zu Hause war. Das Risiko, seine Freundin zu verlieren, war ihm zu hoch, und er trat beruflich kürzer.
Ricarda wollte sich selbst finden, herausfinden, was ihr Spaß macht, etwas Eigenes machen und zog von ihrer Familie fort, auch auf die Gefahr hin, dass sie nicht wiederkommen dürfte. Sie war bereit, dieses Risiko einzugehen, obwohl die Familie alles andere als begeistert war. Bei ihr hat es geklappt. Nach zwei Jahren Alleinsein zog sie wieder zu ihrer Familie zurück, und es ist harmonischer denn je.
Roland überlegte sich sehr genau, was die angebotene Beförderung für sein zukünftiges Leben bringen würde. Und das fand er trotz höheren Gehalts und besserer Position nicht wirklich erstrebenswert. Seine Familie setzte ihn unter Druck, aber er blieb bei dem Job, den er gerne machte und in dem er glücklich war.

Bei Otto lief es in der anderen Richtung ab: Jahrzehntelang düste er geschäftlich in der Weltgeschichte herum. Erst als er Petra kennenlernte, empfand er das als Flucht vor seinen eigenen Gefühlen. Er ging in den Vorruhestand und verbringt nun die gewonnene Zeit lieber mit seiner Partnerin. Die Fliegerei und die Arbeit vermisst er kein bisschen.
Und auch Petra musste aus ihrer Komfortzone heraus. Als Witwe hatte sie sich ihr Leben gut eingerichtet. Klar, fand sie es gut, als sie Otto traf, aber die bequemen Nachmittage auf

der Couch waren vorbei. Jetzt ist sie plötzlich wieder Teil eines Paares und muss Kompromisse eingehen. Anstatt Couch gibt es nun Golf.

Erich hatte die meisten Hindernisse aus dem Weg zu räumen. Seine gesamte Familie reagierte äußerst ablehnend auf sein Vorhaben, ein Buch zu schreiben. Erich hatte das unbewusst übernommen und stand sich selbst im Weg. Ich korrigierte diese Hindernisse, und Erich schaffte es, das Buch zu schreiben. Er hat sich damit abgefunden, dass seine Eltern nach wie vor nichts davon halten, und freut sich über seinen Erfolg. Wir sehen also, jeder muss sein Leben ändern, wenn er sich ein neues Ziel setzt. Da Neues hinzukommt, muss etwas Altes wegfallen. Manchmal ist das bedauerlich, und dann sollte man überlegen, ob dieses Ziel wirklich den Aufwand wert ist, wie zum Beispiel bei Tobias. Der trat dann einfach etwas kürzer, sodass auch noch Luft für Unternehmungen mit seiner Freundin blieb.

Meist stellt sich aber heraus, dass das, was wegfallen muss, nicht wirklich etwas ist, woran unser Herz hängt. Wir machen das aus Gewohnheit oder weil die Schwiegermutter es erwartet oder weil man das eben so macht. Stellen Sie sich die Frage: „Würde es mir wirklich schwerfallen, mich davon zu verabschieden?“ Gehen Sie Ihren eigenen Weg. So wie Sabine, deren Tochter bei ihrem Vater leben wollte und die sich eine kleinere Wohnung nahm, ohne ein Gästezimmer für ihre Tochter. Sabine machte das Beste aus der Situation und genießt ihre neue Unabhängigkeit.

Betrachten Sie Ihre Handlungsmöglichkeiten doch als Kartenspiel. Sie haben gerade eben eine neue, fantastische Karte gezogen, oder sogar einen Joker, den sie überall einsetzen können. Also wirklich, da fällt es Ihnen doch ganz leicht, sich von eine paar „Luschen“ in Ihrem Blatt zu trennen. Alles andere wäre Unsinn oder gegen die Spielregeln. Korrigieren Sie die alten Muster, die den Erfolg verhindern, korrigieren Sie auch die zukünftigen Muster, und dann kann eigentlich gar nichts mehr schiefgehen.

Im nächsten Kapitel finden Sie dafür eine Schritt-für-Schritt-Anleitung ...

9

Erfolg 2.0: Schritt für Schritt

Denken Sie um, was Erfolg bedeutet

Ich habe in dem hier vorliegenden Buch aufgeführt, dass Erfolg für jeden etwas anderes bedeutet. Den Nachbarn beneiden wir wegen des großen Hauses, das schicke Auto des Kollegen macht man madig, wo es nur geht, und der Sportler, der tut ja auch nichts außer zu trainieren. Diese Attribute sehen wir bei anderen als Erfolg an. Und oftmals beneiden wir die anderen genau darum. Definieren wir Erfolg bei uns selbst, sehen wir das seltsamerweise ganz anders: eine harmonische Familie, Freiheit, gute Noten in der Schule, eventuell eine Beförderung und ein Beruf, der Spaß macht.

Eine meiner Seminarteilnehmerinnen erzählte mir folgende Geschichte. Bei ihren Bekannten wäre es immer kalt. In einem Winter wären sie in Mütze, Mantel, dicken Socken und Fingerhandschuhen in der Wohnung herumgelaufen. Sie hatten sich das Ziel gesetzt, tausend Euro an Heizkosten zu sparen und dafür in den Urlaub zu fahren.

Allein bei der Vorstellung läuft es mir schon kalt den Rücken herunter, aber für das betreffende Paar war der Winter ein Erfolg: Für die tausend Euro, die sie an Gas einsparten, verlebten sie zwei Wochen Urlaub. Erfolg ist halt eine persönliche Sache.

Grenzen Sie ab, was Erfolg für Sie persönlich bedeutet

Deswegen ist es ein Unterschied, ob SIE sich erfolgreich fühlen wollen oder ob ANDERE Sie für erfolgreich halten sollen. Sollen andere Sie als erfolgreich ansehen, dann brauchen Sie die üblichen Statussymbole: Haus, Auto, Boot und viel Geld. Alles wie bei Erfolg 1.0. Wenn man materielles Vermögen hat, ist das sicherlich schön, aber glücklich und zufrieden macht uns das noch lange nicht.

Fragen Sie sich außerdem, ob Sie Ihre eigenen Vorstellungen verwirklichen oder die von jemand anderem. Verspüren Sie den Wunsch, wie Ihr zukünftiges Leben aussehen sollte, überprüfen Sie, ob das wirklich Ihre Ziele sind, oder ob Ihr Vater, Ihre Frau oder Tante Emma Ihnen das „eingetrichtert" und Sie diese Ziele unbewusst übernommen haben. Wir alle sind mit den Erwartungen unserer Familie groß geworden, die natürlich nur das – vermeintlich – Beste für ihre Kinder wollen. Und das gilt auch für den beruflichen Bereich. Aber vielleicht taugen Sie ja – ganz entgegen der Familientradition – nicht als Anwalt oder Arzt und finden Ihre Erfüllung im Tischlern oder im Journalismus?

Finden Sie heraus, was Erfolg für Sie ganz persönlich bedeutet, was Ihr Leben glücklich macht, und steuern Sie in Richtung Erfolg 2.0!

Sie sind Sie – durch den Austausch mit anderen Menschen

Seien Sie sich darüber immer im Klaren. dass wir unsere Gedanken, Gefühle, Meinungen und Werte ganz unbewusst austauschen. Manchmal übernehmen wir sie auch einfach unbewusst. In Kapitel 3 habe ich dargelegt, wie viel wir von anderen übernehmen. Das Energiefeld eines Menschen, zum Beispiel das Ihres Chefs oder Ihrer Kollegen, ist wie ein Rasensprenger, der auch alles um ihn herum berieselt, also auch Sie. Wie wir denken und handeln, ist also nicht nur „auf unserem eigenen Mist“ gewachsen.

Andererseits liegt in diesem „Rasensprengereffekt“ auch eine große Chance. Erinnern Sie sich an Ronny und seinen Blackout bei Zahlen? Sobald die schwächenden Einflüsse bei ihm korrigiert waren, löste sich nicht nur seine Lähmung in Mathematik, sondern auch die ursprüngliche Situation in der Familie, die überhaupt erst zu seiner inneren Sperre geführt hatte.

Wenn Sie Ihren Chef für inkompetent halten und sich von Ihren blöden Kollegen abgrenzen, wird das nicht gerade förderlich für Ihre Karriere sein. Finden Sie heraus, warum das so ist und woher das kommt, und korrigieren Sie diese schwächenden Einflüsse. Sie werden sehen, vieles wird leichter, wenn Sie eine positive Einstellung zu Ihren Vorgesetzten und Mitarbeitern haben. Nicht nur im Beruf, sondern in allen Bereichen Ihres Lebens können Sie davon profitieren.

Bewegen Sie sich aus Ihren Charakterstrukturen heraus

Unsere Kindheit ist prägend für uns, denn in dieser Zeit bilden sich unsere Charakterstrukturen aus. Sie hängen davon ab, ob und wieweit unsere Bedürfnisse erfüllt werden. Da es praktisch unmöglich ist, alle Bedürfnisse eines Kindes zu befriedigen, entwickelt es Abwehrmechanismen. Denn es will das

bekommen, was es gerade braucht. Und wenn eine „Taktik" klappt, wendet es die natürlich immer wieder an. Deshalb entwickeln wir nur einen Teil unserer Fähigkeiten, nämlich die, die zum Erfolg geführt haben. Die anderen liegen brach, weil wir sie selten benutzen. Ein leistungsorientierter Mensch wird schwerlich im sozialen oder psychologischen Bereich arbeiten, denn er kann die Nöte anderer schlecht oder gar nicht nachvollziehen. Und jemand mit einer kontrollorientierten Charakterstruktur ist stressfreier dran, in seinem eigenen kleinen Unternehmen zu arbeiten.
Lösen Sie sich aus diesen Mustern und eröffnen Sie sich damit neue Handlungsoptionen. Das ist schwierig, aber nicht unmöglich. Wer immer nur das tut, was er kann, bleibt auch immer der, der er ist, mit allen Stärken und Schwächen. Denken Sie an die Teilnehmer des Sonderseminars, die ihre Bilder verschenken „mussten". Keiner von ihnen wäre jemals auf so eine abstruse Idee gekommen. Und deswegen hätte keiner von ihnen jemals einen so tollen und wunderbaren Nachmittag erlebt. Machen Sie den ersten Schritt – und manchmal fällt eine ganze Mauer. Wie bei der schüchternen jungen Frau, die in der Fußgängerzone Tango tanzte. Ein Bild davon steht heute noch auf ihrem Schreibtisch. Auf jeden Fall sollten Sie wissen, welche Charakterstrukturen bei Ihnen dominierend sind, damit Sie Ihre Handlungsmuster durchschauen und erweitern können.

Korrigieren Sie Ihre Erfolgsverhinderer

Das ist der wichtigste Teil. Aber zuerst einmal müssen Sie sie finden. Der Beginn dieses Kapitels gibt Ihnen schon mal einen Tipp wie die vielen aufgeführten Beispiele ebenfalls. Aber

Vorsicht: Wenn Sie zum Beispiel eine „Kusshemmung" wie Sylvia haben, können die schwächenden Ereignisse ganz andere sein. Das gilt natürlich auch für alle anderen Beispiele. Hören und spüren Sie in sich hinein. Ihr UNBewusstsein weiß ganz genau, woran es liegt. Vielleicht gehen Sie zu einem CQM Coach, der ganz genau nachfragt und selber spüren kann, wo die Schwächen bei Ihnen liegen. Das hat den weiteren Vorteil, dass er neutral ist und vielleicht ganz anderen Dingen auf den Grund geht, als Sie es selbst tun würden. Oder lernen Sie selbst die Chinesische Quantum Methode. Im Seminar bekommen Sie die ersten Erfolgserlebnisse und können sofort mit dem Korrigieren loslegen. Bitte verstehen Sie dieses Buch nicht als Selbstanleitung; Sie brauchen das Erlebnis in der Gruppe, denn es gibt Ihnen die innere Überzeugung und Sicherheit, dass auch Sie korrigieren können.

Glauben Sie an Ihr Ziel

Das ist unbedingt notwendig, denn Zweifel sind sehr starke Erfolgsverhinderer. Sie haben Ihr Energiefeld von allen schwächenden Einflüssen aus der Vergangenheit befreit – hoffentlich – und dann holen Sie sich wieder welche – in Form von Zweifeln – in Ihr Energiefeld. Das wäre ja total unsinnig. Und Ihr UNBewusstsein ist wieder verwirrt. Einerseits wollen Sie Ihren Erfolg, andererseits meinen Sie doch irgendwo und irgendwie, Sie könnten es nicht schaffen. Was wird wohl passieren? Es wird alles beim Alten bleiben. Mit unterschiedlichen Ansagen oder Gefühlen kann Ihr Energiefeld nichts anfangen. Mal der Gedanke an Erfolg, dann wieder der Gedanke an Misserfolg, in welche Richtung soll es nun gehen? Wenn Sie Zweifel haben, korrigieren Sie diese sofort.

Ihr Energiefeld braucht klare und einheitliche Informationen, um sie verwirklichen zu können. Mal ganz davon abgesehen vom Rasensprengereffekt: Glauben Sie, Ihr Chef wird Ihnen die Gehaltserhöhung geben, wenn Sie an einem Tag meinen, Sie haben sie verdient und am nächsten Tag doch eher nicht?

Haben Sie genaue Vorstellungen von Ihrem Ziel

Und formulieren Sie sie auch so! Mit Zielen wie „Ich will einen besseren Job haben!“ werden Sie nicht sehr weit kommen. Was soll das denn bedeuten? Mehr Geld, weniger Arbeit, die Stelle näher am Wohnort, mehr Verantwortung, eine bessere Position? Es könnte alles und nichts davon sein. Werden Sie ganz konkret wie Tobias mit seinen zwanzigtausend Euro Provision im Monat. Besonders wichtig ist das, wenn es um Beziehungen geht. Teilen Sie Ihrem Partner detailliert mit, was Sie sich in Zukunft in Ihrer Beziehung wünschen. Wenn Sie – noch – nicht den richtigen Partner haben, suchen Sie ihn sich. Denken Sie an den Rasensprengereffekt. Sie werden schneller als Sie denken den Richtigen „berieseln“. So wie bei Annette. Stimmt, die Frau, die immer genau die Anzahl an Blumen verkaufte, die sie auch bestellt hatte. Bis dahin wünschte sie sich einen Partner, der lieb und nett zu ihr war. Den hatte sie auch, nur leider arbeitete er nicht und lebte von ihrem Geld. Annette nahm eine „Kurskorrektur“ vor. Sie wollte einen Ehepartner, auf den sie auf der ganzen Linie stolz sein konnte. Und wenig später stand Paul buchstäblich auf ihrer Türschwelle.
Befolgen Sie die SMART-Formel: Spezifisch. Messbar. Attraktiv. Realistisch. Terminiert.
Sie wollen Ihr Ziel ja nicht erst in fünfzig Jahren erreichen! Denken und handeln Sie so, als ob Sie es schon erreicht

hätten. So wie Björn, der sich bereits als Kind als SAS-Pilot sah. Und formulieren Sie auf keinen Fall die Zukunftsversion wie Nina Ruge. Erinnern Sie sich an die ZDF-Moderatorin von „Leute heute"? Sie verabschiedete sich immer mit: „Alles wird gut." Klingt gut, man lehnt sich schön gelassen zurück, in irgendeiner Zukunft wird ja alles besser. Wenn Sie sich und Ihr UNBewusstsein auf Trab bringen wollen, wäre der richtige Satz: „Alles ist gut!" Dann wird nämlich deutlich, wie viel noch zu tun, zu überlegen und zu korrigieren ist, um ans Ziel zu kommen. Und zwar jetzt – und nicht irgendwann in der Zukunft.

Stellen Sie sich Ihr zukünftiges Leben vor

Denn nicht nur in der Vergangenheit können Erfolgsverhinderer liegen, sondern auch in der Zukunft. Zu wenig Zeit für die Familie, zu wenig Freizeit, mehr verdienen als der Ehemann, der Neid der Nachbarn ... Stellen Sie sich einfach vor, wie Ihr Leben aussehen wird, wenn Sie Ihr Ziel erreicht haben. Die meisten Dinge werden sich gut anfühlen, aber vielleicht gibt es Aspekte, die sich nicht gut anfühlen. Korrigieren Sie diese. Fragen Sie sich auch, welchen Preis Sie bereit sind, zu zahlen, um an Ihr Ziel zu gelangen. Oder auch nicht! Arabella wollte den doppelten Umsatz erzielen, aber sie musste auch mehr dafür arbeiten. Roland hätte nach der Beförderung mehr Geld verdient, aber Aufgaben gehabt, die er nicht wollte: Der Preis war ihm zu hoch. Überlegen Sie sich also gut, was Sie sich wünschen.

Sie finden das mühselig? Vielleicht!

Machbar? Auf jeden Fall!

Raten Sie doch mal, um wen es sich bei dem folgenden Beispiel handelt. Ich garantiere Ihnen, dass Sie ihn „kennen", auch wenn er lange vor Ihnen gelebt hat. Damals gab es noch keine Chinesische Quantum Methode, und man wusste auch nichts von Schwächen im Energiefeld, trotzdem handelte unser Mr. X danach.

Wer bin ich? Trotz Rückschlägen zum Erfolg

Mr. X wurde in einer Blockhütte in Kentucky geboren. Seine Eltern waren Farmer an der Siedlungsgrenze zur Wildnis und praktisch Analphabeten. In die Schule gehen konnte er nur sporadisch, in sogenannte Einraumschulen, in denen die Kinder aller Jahrgänge gemeinsam unterrichtet wurden. Viel mehr als die Grundkenntnisse im Lesen, Schreiben und Rechnen wurden dort nicht vermittelt. Die Schüler lernten ihre Lektionen meist durch gemeinsames Rezitieren. X eignete sich trotzdem eine umfassende Bildung an – als Autodidakt, gegen den Willen seines Vaters. X war lesehungrig und verschlang jedes Buch, dessen er habhaft werden konnte. Viel Zeit blieb ihm nicht, denn wenn auf der eigenen Farm nichts zu tun war, „lieh" ihn sein Vater an andere Farmer aus. Seine Belesenheit und seine Gewandtheit im Ausdruck wurden bald im näheren Umkreis bekannt, sodass Nachbarn ihn schon als Jugendlichen baten, Briefe für sie aufzusetzen. Mit zwanzig Jahren zog er nach einem heftigen Streit mit seinem Vater von zu Hause aus und arbeitete als Kaufmannsgehilfe, Landvermesser, Posthalter und Flößer. Später brachte er sich im Selbststudium Jura bei und wurde von der Anwaltskammer zugelassen. In einem Debattierclub kam er erstmals mit politischen Themen in Berührung. Hier konnte er sein Redetalent

unter Beweis stellen. Seine Zuhörer waren gefesselt von seinen Reden und Ansichten und ermutigten ihn, sich für ein öffentliches Amt zur Verfügung zu stellen. So erhielt er ein Abgeordnetenmandat für das Repräsentantenhaus des Staates Illinois. Der Beginn seiner politischen Karriere war allerdings von Niederlagen geprägt. Selbst seine Heirat geschah erst nach dem erbitterten Widerstand seiner Schwiegereltern. Dreimal kandidierte er für den Senat und dreimal verlor er; zweimal kandidierte er für den Kongress und verlor; und einmal stellte er sich als Vize-Präsident zur Wahl – und verlor wieder.
1860 – im Alter von 51 Jahren – wurde er der 16. Präsident Amerikas.
Sein Name ist Abraham Lincoln, und heute gilt seine Präsidentschaft als eine der bedeutendsten in der Geschichte der Vereinigten Staaten. Und dabei soll er nie ein böses Wort über jemand anderen gesagt haben.
Hätten Sie das gedacht? Wahrscheinlich nicht.
Sehr wahrscheinlich sind die Hindernisse, denen Sie auf Ihrem Weg zum Erfolg begegnen, viel leichter zu bewältigen als das bei Lincoln der Fall war.

Also, packen Sie es an! Sie wissen alles Nötige und haben starke Werkzeuge. Benutzen Sie sie einfach.

Ich wünsche Ihnen viel Spaß dabei.

Übrigens: Maria hat mittlerweile auch die Waschmaschine ihrer Freundin korrigiert. Claudia hatte sie halb im Scherz darum gebeten, denn eigentlich glaubte sie ja nicht an „so was". Funktioniert hat's trotzdem.

Weiterführende Literatur

Bauer, Joachim
Warum ich fühle, was du fühlst: Intuitive Kommunikation und das Geheimnis der Spiegelneurone, Heyne Verlag, 2006
Bauer, Joachim
Das Gedächtnis des Körpers, Piper, 2007
Boadella, David:
Wilhelm Reich: Pionier des neuen Denkens, Schirner Verlag, 2008
Carnegie, Dale; Larsen, Magda H.
Sorge dich nicht – lebe!: Die Kunst zu einem von Ängsten und Aufregungen befreiten Leben zu finden, Scherz, 1980
Lowen, Alexander; Bavendamm, Jürgen
Bioenergetik: Therapie der Seele durch Arbeit mit dem Körper, rororo, 2008
Potts, Paul; Cowell, Simon; Magin, Ulrich
One Chance: Wie der Traum meines Lebens wahr wurde. Erinnerungen, Verlag Herder, 2014
Chapman, Gary; Rothkirch, Ingo
Die fünf Sprachen der Liebe. Wie Kommunikation in der Ehe gelingt, Francke-Buchhandlung, 2010
Ware, Bronnie; Kuhn, Wibke
5 Dinge, die Sterbende am meisten bereuen: Einsichten, die Ihr Leben verändern werden, Arkana, 2013

Veranstaltungen mit Gabriele Eckert

Gabriele Eckert lehrt die Chinesische Quantum Methode seit 2003 in Deutschland, Österreich, der Schweiz und vielen weiteren Länder im europäischen Raum.

Die aktuellen Termine und Veranstaltungsorte ihrer Erlebnisabende und Seminare finden Sie im Internet unter:

www.CQM-HyperVoyager.de

Möchten Sie Gabriele Eckert für eine Ihrer Veranstaltungen buchen, richten Sie Ihre Anfrage bitte an:

HyperVoyager GmbH & Co.KG
Tel.: 07143/961859-0
Fax: 07143/961859-9
E-Mail: info@CQM-HyperVoyager.de
www.CQM-HyperVoyager.de

Hier erhalten Sie auch weitere Produkte und Bücher von und mit Gabriele Eckert.

Am Ende des Buches finden Sie einen Rabattgutschein für einen CQM Erlebnisabend mit Gabriele Eckert.

Weil die Seele sich freut

Geschichten aus der Welt der Chinesischen Quantum Methode

Gabriele Eckert
Weil die Seele sich freut

Verlag WeiterSein
ISBN 987-3-942534-02-4
Hardcover
EUR 6,95/CHR 9,30
Erscheinungstermin:
Juni 2012

In über 1000 Veranstaltungen hat Gabriele Eckert erstaunliche und oft an Wunder grenzende Veränderungen erlebt. Um auch Sie an den Resultaten der Chinesischen Quantum Methode teilhaben zu lassen und Ihnen eine Vorstellung von den Möglichkeiten dieser Methode zu vermitteln, hat die Begründerin von CQM einige der schönsten und emotionalsten Geschichten in diesem kleinen Büchlein zusammengefasst.
Die spannenden Erzählungen beruhen alle auf wahren Begebenheiten und zeigen einen Einblick in das Leben und die Veränderungen einiger Personen, denen Gabriele Eckert in den vergangenen Jahren begegnet ist.

Durchzug

Die unbewussten Faktoren der Kommunikation und wie man sie nutzt.

Michael Reinhardt
Durchzug

Verlag WeiterSein
ISBN 987-3-942534-01-7
Taschenbuch
EUR 8,95/CHR 11,90
Erscheinungstermin:
Juni 2012

Haben Sie auch schon einmal beobachtet, wie unterschiedlich ein und dieselbe Aussage von Personen aufgenommen wird? Würden Sie auch gerne wissen, wovon die Reaktion abgehängt und wie Sie diese mit Ihrer Kommunikation beeinflussen können?

Dieses Buch beschäftigt sich mit den unbewussten Faktoren der Kommunikation. Es zeigt, wie man sie erkennen und beinflussen kann. Denn eine erfolgreiche Kommunikation geht weit über die Worte, die Stimme und die Gestik hinaus. Durch das Erkennen der unbewussten Faktoren – wie Beziehungsgeflecht, Charakterstruktur und die eigenen Glaubenssätze – können Sie Ihre Kommunikation, sowohl im Geschäftsleben als auch im privaten Bereich, deutlich verbessern und dadurch ein viel entspannteres Miteinander erleben.

Wenn Fische fliegen …

Die Chinesische Quantum Methode

Gabriele Eckert
Wenn Fische fliegen …

Verlag WeiterSein
ISBN 987-3-94253-400-0
Hardcover
EUR 16,95/CHR 25,00
Erscheinungstermin:
2010

Für unseren Computer tun wir alles, um ihn vor Viren, Trojanern und Co. zu schützen. Und uns selbst? Gibt es auch im Betriebsystem „Mensch“ Viren, die uns davon abhalten, das Leben zu leben, das wir leben wollen?
Die Chinesische Quantum Methode (CQM) ist eine Methode, die jeder lernen kann, um diese Viren aufzuspüren und sie zu neutralisieren. Sie ist der Weg zu einem bewussteren Leben und zu einem leichteren Sein, in dem wir die Dinge erreichen, die wir erreichen wollen, und die Potenziale nutzen, die uns das Leben geschenkt hat.
In diesem Buch erzählt die Begründerin von CQM, wie sie die Methode entdeckte und was sie und andere mit ihr erlebten.

CQM Erlebnisabend-Gutschein mit Gabriele Eckert

Zwei zum Preis von einem

Mit diesem Gutschein können zwei Personen einen CQM Erlebnisabend besuchen und nur eine Person bezahlt. Dieser Gutschein gilt nur bei vorheriger Anmeldung unter www.CQM-HyperVoyager.de oder direkt beim jeweiligen Veranstalter.

Erlebnisabende sind Abendveranstaltungen, in denen die Chinesische Quantum Methode (CQM) öffentlich vorgestellt und demonstriert wird und zu denen jeder eingeladen ist. Eine Anmeldung wird empfohlen, ist aber nicht zwingend erforderlich.

Was erwartet Sie auf einem Erlebnisabend

Gabriele Eckert demonstriert die Arbeit mit CQM. Während des Erlebnisabends haben Teilnehmer die Möglichkeit, sich zur Demonstration der Methode zur Verfügung zu stellen. Bitte seien sie nicht überrascht, wenn Dinge passieren, die Sie normalerweise nicht erwarten. Durch die wechselnden Beispiele der Teilnehmer hat jeder Erlebnisabend eine eigene spannende Dynamik.

Wir weisen jedoch darauf hin, dass wir keine Garantien oder Versprechen bezüglich der Lösung eines Problems machen und jegliche Haftung ausschließen. CQM ist kein Ersatz für medizinische oder psychologische Behandlung.

HYPERVOYAGER

Weitere Informationen unter **www.CQM-HyperVoyager.de**

Themen an Erlebnisabenden

Erlebnisabende haben verschiedene Schwerpunktthemen:

- Wohlbefinden und Leichtigkeit
  Das Thema körperliches Wohlbefinden wird auf jedem Erlebnisabend angesprochen und mindestens an einem Beispiel demonstriert.

- Erfolg und Wohlstand
  „Über Geld redet man nicht, das hat man!" sagt ein Sprichwort. Hier beginnt für viele ein Problem, da bei diesem Thema viele unbewusste Faktoren wirken.

- Leichtigkeit statt Stress
  Stress und „Burnout" erschwert unser Leben. Das muss aber nicht sein. Mit CQM lassen sich viele Stressfaktoren neutralisieren.

- Beziehungsstress – Nein Danke!
  Ob zu Kollegen bei der Arbeit, in der Familie oder zu unserem Lebenspartner: Beziehung kann ein erheblicher Stressfaktor sein.

____
Teilnehmer 1

____
Diesen Gutschein habe ich erhalten von

____
Teilnehmer 2

____
Der nächste Erlebnisabend in Ihrer Nähe